Original en couleur

NF Z 43-120-8

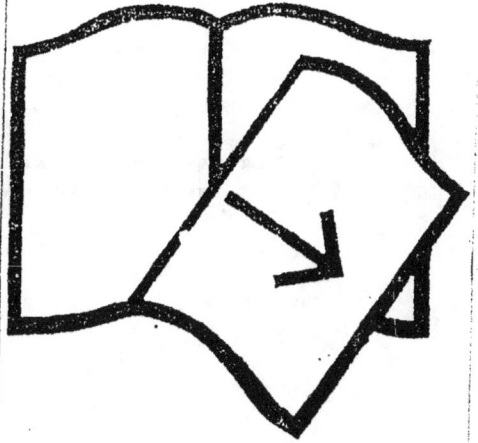

Couverture inférieure manquante

CARTULAIRE

DU

PRIEURÉ BÉNÉDICTIN

DE

SAINT-GONDON SUR LOIRE

866-1172

TIRÉ DES ARCHIVES DE L'ABBAYE DE SAINT-FLORENT

PRÈS SAUMUR

PAR

P. MARCHEGAY

ARCHIVISTE HONORAIRE DU DÉPARTEMENT DE MAINE-ET-LOIRE
MEMBRE NON RÉSIDANT DU COMITÉ DES TRAVAUX HISTORIQUES

LES ROCHES-BARITAUD

(VENDÉE)

—

1879

CARTULAIRE

DU

PRIEURÉ BÉNÉDICTIN

DE

SAINT-GONDON SUR LOIRE

CARTULAIRE

DU

PRIEURÉ BÉNÉDICTIN

DE

SAINT-GONDON SUR LOIRE

866-1172

TIRÉ DES ARCHIVES DE L'ABBAYE DE SAINT-FLORENT
PRÈS SAUMUR

PAR

P. MARCHEGAY

ARCHIVISTE HONORAIRE DU DÉPARTEMENT DE MAINE-ET-LOIRE
MEMBRE NON RÉSIDANT DU COMITÉ DES TRAVAUX HISTORIQUES

LES ROCHES-BARITAUD

(VENDÉE)

1879.

CARTULAIRE

DU

PRIEURÉ BÉNÉDICTIN

DE

SAINT-GONDON SUR LOIRE

866-1172

Jusqu'à la fin du siècle dernier, Saint-Gondon a appartenu au Berry, tant pour le temporel que pour le spirituel. Antique et notable à ce dernier égard, il est porté sur la carte qui, dans la Nova Gallia christiana, tome second, se trouve en tête du texte consacré à la province ecclésiastique de Bourges. C'est le seul nom inscrit au nord, dans la pointe qui joint la Loire, à peu près vis-à-vis les bourgs actuels de Nevoy et de Bonny.

La nouvelle division de la France ayant donné au département du Loiret les deux rives du fleuve qui le traverse, la portion de territoire détachée du Berry composa, outre le canton de Châtillon-sur-Loire, une partie de celui de Gien. Chef-lieu de commune de ce dernier, Saint-Gondon est entré ainsi dans le domaine archéologique et historique de l'Orléanais, sans sortir de celui du Berry, et il offre à leurs sociétés savantes des chartes aussi vénérables que dignes d'intérêt. Celles qui suivent, au nombre de trente-cinq, proviennent toutes des archives de Maine-et-Loire. Elles y sont dissé-

minées dans plusieurs dossiers et volumes du chartrier
de l'abbaye bénédictine de Saint-Florent près Saumur.

Lorsque, chassés du Mont-Glonne [1], en Anjou, par
l'invasion normande, les religieux remontèrent le cours
de la Loire, Charles le Chauve, roi de France, leur
donna, dans la contrée où ce grand fleuve commence
le détour qui le conduit à l'Océan, un lieu convenable
pour y déposer le corps de leur bienheureux patron [2].
Cette donation fut confirmée en 866 par le même prince,
et en 881 par son petit-fils le roi Carloman, avec addi-
tion de divers droits et priviléges. Quoique la terreur
causée par une nouvelle approche des hommes du nord
ait fait emporter les reliques de saint Florent jusqu'à
Tournus, en Bourgogne, notre troisième charte prouve
que les débris de son troupeau occupaient encore, en
901, le petit monastère reçu de Charles le Chauve [3].

Il avait eu pour fondateur, vers le sixième siècle,
un évêque orthodoxe de Lombardie, expulsé de son siége
par les Ariens. Admirateurs de la piété et des vertus de
Gondon, Gundulfus, ses voisins et contemporains le
canonisèrent, remplaçant même par son nom celui du
très-vieux village, Nobiliacus, où il était venu se réfu-
gier et mourir. Pendant près d'un siècle et demi, les
difficultés qu'éprouvèrent les religieux de Saint-Florent
pour rétablir leur abbaye en Anjou, firent négliger,
sinon oublier, le monastère de Saint-Gondon. Recueillis
d'abord au château de Saumur, puis installés somptueu-
sement en face de la ville, sur la rive gauche du Thouet,
ils envoient des notables de leur communauté pour cons-

[1] Aujourd'hui Saint-Florent-le-Vieil, Maine-et-Loire.
[2] Avant de remonter la Loire jusqu'à Saint-Gondon, les moines
séjournèrent quelque temps à la Villa Johannis, près Angers, que
Charles le Chauve leur avait donnée en 848, et où l'abbé Didon
mourut l'année suivante.
[3] Voir les notes du N° 3.

tater l'état dans lequel se trouve leur ancien asile. Ceux-ci trouvent la place prise, et si bien occupée qu'ils doivent à peu près renoncer à l'accomplissement de leur mandat. Les moines de Saint-Pierre de Vierzon se sont emparés de Saint-Gondon, par le conseil et même avec l'assistance des deux seigneurs les plus puissants de la contrée, le vicomte de Bourges et le sire de Sully, son gendre. Force est donc aux abbé et chapitre de Saint-Florent de consentir à la transaction proposée par ce dernier, et dont il se portait caution, c'est-à-dire d'abandonner tous leurs droits moyennant une rente de deux onces d'or. Faute de paiement au jour prescrit, l'abbaye de Saumur devait en recouvrer immédiatement la possession ainsi que la propriété. Dès le premier terme et dans l'année même, 2 mai 1095, le cas prévu se réalisa; et la loyauté du garant, stimulée par une somme assez ronde, fit rendre Saint-Gondon à ses anciens maîtres [1].

Nos chartes imprimées sous les Nos 4 à 13 donnent les détails les plus précis au sujet du traité avec l'abbaye de Vierzon, de son inexécution et des procès qui en résultèrent. A partir du recouvrement de la vieille église, qui devint un de leurs plus beaux prieurés, les religieux de Saint-Florent y reçoivent des donations nombreuses, consignées dans les 21 pièces numérotées 14-34. Par celle du 7 décembre 1111, l'évêque d'Orléans donne au prieuré Berruyer deux églises de son diocèse. Si les chartes précédentes abondent en détails sur les sires de Sully, leur munificence continue est attestée par les deux dernières, 1170 environ et 1172. Entre cette date et l'année 1201, à laquelle s'arrête

[1] *Tempore venerabilis patris Guillermi [abbatis] restituta est B. Florentio abbatia S. Gundulfi, quam per incuriam et inertiam monachorum sanctus amiserat.* Chroniques des églises d'Anjou, p. 304.

notre Cartulaire général de l'abbaye de Saint-Florent près Saumur, *il n'a été retrouvé aucun document spécial pour Saint-Gondon. En vertu de celui ajouté sous le N° 35, les moines de Saint-Florent, ainsi que tout ce qui leur appartient, ont été affranchis, vers 1050, du péage établi au château de Chaumont-sur-Loire. Dans plusieurs cartulaires d'abbayes, notamment celui de Marmoutier près Tours, les* Dimissiones telonei *sont assez nombreuses pour former un chapitre particulier. Le privilége du seigneur Lisoy étant le seul de ce genre découvert pour Saint-Florent, nous devions d'autant plus le réunir aux chartes de Saint-Gondon que nul autre prieuré ne pouvait en profiter, celui-ci formant l'extrême limite des dépendances du monastère saumurois dans le bassin supérieur de la Loire.*

Les documents compris dans notre recueil paraissent tous inédits [1], *à l'exception des deux diplômes des rois Charles le Chauve et Carloman. On les réimprime ici, pour éviter au lecteur la peine de les chercher dans les grandes collections, où l'exactitude de leur texte laisse d'ailleurs à désirer. Disposées à peu près par ordre chronologique et précédées d'analyses, nos chartes signalent aux érudits du centre de la France le vénérable et riche prieuré* [2] *dont le Pouillé de l'abbaye de Saint-*

---

[1] Il y a une trentaine d'années, à la demande du baron de Girardot, qui était alors secrétaire général de la préfecture du Cher, nous avons adressé copie des N°° 5, 6, 8, 9 et 13 aux archives dudit département. Probablement elles ont été détruites lors de l'incendie de ce précieux dépôt, le 13 avril 1859.

On trouvera quelques extraits et analyses de nos chartes dans les deux rédactions, autographes et inédites, de l'histoire de l'abbaye de Saint-Florent, par dom Jean Huynes, l'une aux archives de Maine-et-Loire, l'autre à la Bibliothèque nationale.

[2] A la souscription, votée le 2 mai 1519, des 300 livres nécessaires pour réparer le cloître et l'infirmerie de Saint-Florent, le prieur de Saint-Gondon fut un des cinq qui payèrent 20 livres, la moyenne pour chacun des souscripteurs étant un peu inférieure à 3 livres.

Florent disait, vers 1271 : In Bituricensi diocesi, in prioratu Sancti Gundulphi, [habemus] tres monachos ; et debet de censa vi libras. Ibi quondam fuit refugium ecclesie nostre, per guerras.

I. — 16 JANVIER 866, À SENLIS.

Diplôme de Charles le Chauve. Il confirme à Hecfrid,
abbé de Saint-Florent du Mont-Glonne, un petit monastère
dans lequel a été inhumé saint Gondon, nommé anciennement
Nobiliacus et situé au bord de la Loire, en Berry. Le roi
l'avait déjà donné à Didon, prédécesseur d'Hecfrid, pour y
transférer les reliques de saint Florent et y établir, sous la
règle de saint Benoît, le siége de son abbaye, qui venait
d'être détruite par les Normands.

In nomine sancte et individue Trinitatis, Karolus gratia
Dei rex.

Quicquid pro utilitate ac necessitate servorum Dei
facere contendimus, profuturum nobis et ad eternam
beatitudinem facilius obtinendam et presentem vitam
felicius transigendam procul dubio confidimus. Itaque
noverit omnium sancte Dei ecclesie fidelium nostro-
rumque, tam presentium quam et futurorum, sollertia,
quia venerabilis vir et religiosus abba Hecfridus monasterii Beati Florentii, una cum monachis ibi Deo militantibus, ad nostram accedens sublimitatem, miserabile
auditu, lacrimabili suggestione exposuit mansuetudini
nostre calamitatem prefati monasterii ceteramque miseriam ipsius regionis, pro peccatis nostris, ab inimicis
Dei cruentissimis Normannis crudeliter sepius illatam :
ita ut eadem provincia, quondam visu pulcherrima, in
solitudinis faciem penitus videatur redacta; quare, sicut
et aliis incolis quondam illius plage, multo magis
quoque monachis superius dicti monasterii, ejusdem
religiosi viri abbatis cura providendis, in eodem loco
penitus exclusa est habitatio. Igitur oravit suppliciter
idem venerandus abbas ut, ad suorum refugium monachorum et ad receptionem sacratissimi corporis beati
Florentii, concedere sibi dignaremur cellam secus

fluvium Legerim, in pago Biturico [sitam] [1], que dicitur Nobiliacus, quemadmodum predecessori illius Didoni, quondam abbati, nos fecisse cognoscitur, in qua cella sanctus Gundulfus reverenter colitur humatus : quatenus a manibus suprascriptorum inimicorum Dei se evasisse exultantes, requiem ibidem de tanta persecutione tandem mereantur, Christo propitio, invenire, et in laudem divine misericordie valeant respirare.

Nos autem, supplicibus ejusdem Hecfridi abbatis monachorumque ejus precibus benignum assensum prebentes, altitudinis nostre preceptum hoc fieri jussimus, per quod memoratam sancti Gundulfi cellam, cum familia utriusque sexus et rerum omnium aliarum plenitudine, sepedicto venerando abbati Hecfrido suisque monachis habendam concedimus atque largimur : videlicet ut, pro nomine Domini et peccatorum nostrorum ablutione, monasterium illud cum omnibus sibi pertinentibus rebus ab eodem Hecfredo, reverendo abbate, successoribusque ejus, secundum regularis institutionis ordinem omnimodis agatur, et sine cujuspiam contradictionis inquietudine regulariter disponatur, ad utilitatem ac necessitatem servorum Dei, nostris futurisque temporibus, secundum sacre institutionis normam sancti Benedicti ibidem Domino servientium atque famulantium. Ut autem hec nostre auctoritatis delegatio perpetuam, in Dei nomine, obtineat firmitatis vigorem, manu propria subter eam firmavimus anulique nostri impressione assignari jussimus.

Signum [2] serenissimi Karoli regis.

[1] Les mots placés entre crochets sont ajoutés pour compléter le sens.

[2] Pour le monogramme qui forme la signature de Charles le Chauve et de son petit-fils Carloman, voir les traités de Diplomatique et le Glossaire de Ducange.

Hildeboldus, indignus diaconus, ad vicem Ludovici recognovit.

Data xvii° kalendas februarii, indictione XIV², anno XXVI° regnante Karolo rege gloriosissimo.

Actum Silvanectis civitate, in Dei nomini feliciter, amen [1].

Cartulaire dit le Livre Noir, fol. 8 ; le Livre d'Argent, fol. 27 v. et 55 ; le Livre Rouge, fol. 21.

Dans le Livre Noir, le texte a pour rubrique :

Preceptum incliti regis Karoli ad Hecfridum abbatem, ubi ei largitur cellulam S. Gundulfi, ad transferendum in ea corpus S. Florentii.

II. — 5 juin 881, a Pauillac, en Médoc ?

Diplôme de Carloman. Après avoir confirmé à Raoul, abbé, et aux moines de Saint-Florent, pour y établir leur abbaye, le petit monastère où a été enseveli saint Gondon, à Nobiliacus en Berry, au bord de la Loire, le roi confère aux religieux le droit d'avoir quatre navires, naviguant par tout son royaume en pleine liberté et franchise. Il exempte aussi leurs biens et leurs sujets de tous droits de justice, leur fait remise des redevances perçues par le fisc et leur confère le droit de s'élire un abbé et de se choisir un avoué.

In nomine Dei æterni et salvatoris nostri Ihesu Christi, Karlomannus gratia Dei rex.

Quicquid pro utilitate ac necessitate servorum Dei facere contendimus, profuturum nobis ad æternam beatitudinem facilius obtinendam et presentem vitam felicius transigendam procul dubio confidimus. Itaque

---

[1] imprimé par Mabillon, *Annales ordinis S. Benedicti*, vol. 2, p. 752 ; et par dom Bouquet, *Scriptores rerum francicarum*, vol. 8, p. 597.

noverit omnium sanctæ Dei ecclesiæ fidelium nostro-
rumque, tam presentium quam et futurorum, sollercia,
quia venerabilis vir et religiosus abbas Rodulfus monasterii Beati Florentii, una cum monachis inibi Deo
militantibus, ad nostram accedens sublimitatem, miserabile auditu, lacrimabili suggestione exposuit mansuetudini nostræ calamitatem prefati monasterii ceteramque
miseriam ipsius regionis, pro peccatis nostris, ab inimicis
Dei cruentissimis Normannis crudeliter sepius illatam :
ita ut eadem provincia, quondam visu pulcherrima, in
solitudinis faciem penitus videatur esse redacta ; quare,
sicut et aliis incolis quondam illius plagæ, multo magis
quoque monachis sepius dicti monasterii, ejusdem religiosi viri abbatis cura providendis, in eodem loco
[penitus] exclusa est habitatio. Igitur oravit suppliciter
idem venerandus abbas Rodulfus ut, ad suorum refugium monachorum et ad receptionem sacratissimi corporis beati Florentii, concedere sibi dignaremur cellam
secus fluvium Ligerim, in pago Biturigo sitam, quæ
dicitur Nobiliacus, quemadmodum predecessori illius
Didoni, quondam abbati, nos ⁴ fecisse cognoscitur, in
qua cella sanctus Gundulfus reverenter colitur humatus :
quatinus, a manibus suprascriptorum inimicorum Dei se
evasisse exultantes, requiem ibidem de tanta persecutione
tandem mereantur, Christo propicio, invenire, et in
laude divinæ misericordiæ valeant respirare.

Nos autem, supplicibus ejusdem Rodulfi abbatis
monachorumque ejus precibus benignum assensum
prebentes, altitudinis nostræ preceptum hoc fieri jussimus, per quod memorata sancti Gundulfi cella ⁵, cum

---

¹ En reproduisant le texte de la pièce précédente, le notaire a
oublié qu'il fallait mettre ici *avus noster rex Karolus*, au lieu
de *nos.*

² Sic pour *memoratam.... cellam.*

familia utriusque sexus et rerum omnium aliarum plenitudine, sepedicto venerando abbati Rodulfo suisque habendam concedimus atque largimur : videlicet ut, pro nomine Domini et peccatorum nostrorum ablutione, monasterium illud cum omnibus sibi pertinentibus rebus ab eodem Rodulfo reverendo abbate [et] successoribus ejus, secundum regularis institutionis ordinem omnimodis agatur, et sine cujuspiam contradictionis inquietudine regulariter disponatur, ad utilitatem ac necessitatem servorum Dei, nostris futurisque temporibus, secundum sacræ institutionis normam sancti Benedicti ibidem Domino servientium atque famulantium.

Concedimus quoque supradicto monasterio quatuor naves in omnibus aquis quæ in regno nostro decurrunt, et licentiam navigandi sine nullo inpedimento : ut nullus ministerialis ripaticum nec teloneum accipiat, nec predictum cœnobium pro eis ullo modo pretium persolvat. Volumus denique et, per nostræ auctoritatis preceptum, decernimus atque jubemus ut nullus judex publicus, vel quislibet ex juditiaria potestate, in ecclesias vel ad loca vel agros seu reliquas possessiones memorati monasterii, quas moderno tempore infra dictionem regni nostri juste vel rationabiliter possidet vel quæ deinceps in jure ipsius monasterii voluerit divina pietas augere, ad causas audiendas vel freda aut tributa exigenda aut mansiones aut paratas faciendas vel fidejussores tollendos, aut homines ejusdem monasterii, tam ingenuos quam servos, super terram ipsius commanentes distringendos, nec ullas redibitiones requirendas nostris et futuris temporibus, ingredi audeat vel ea quæ superius memorata sunt penitus exigere presumat; sed liceat memorato abbati suisque successoribus res predicti monasterii, sub emunitatis nostræ defensione, quieto ordine possidere.

Placuit namque nostræ celsitudini, regia decernente auctoritate, qualiter constitueremus prefato loco privilegium, per preceptum nostræ auctoritatis, si quid infringere de supradictis quispiam visus fuerit unquam, sexcentorum solidorum inmunitatem rectoribus ejusdem loci exsolvere cogatur. Et quicquid exinde fiscus noster sperare poterat totum, nos, pro æterna remuneratione, prefato monasterio concedimus : ut in alimonia pauperum et stipendia monachorum ibidem Deo famulantium proficiat perhennibus temporibus in augmentum. Et quando quidem, divina vocatione, supradictus abba vel ceteri subsequentes de hac luce migraverint, ipsi monachi ibidem Deo famulantes, per nostram permissionem et consensum, juxta ordinem et regulam beati Benedicti, ex sese licentiam eligendi habeant semper abbatem : quatenus servos Dei qui ibidem Deo famulantur pro avo, patre, pro nobis nostrique generis prosapie atque stabilitate totius regni nostri conservandi jugiter Dominum exorare delectet. Advocatum quem recte elegerint habeant ; et ob remunerationem nostri tortum ei omne dimittimus.

Ut autem nostræ munificentiæ auctoritas firmior habeatur et per futura tempora diligenter conservetur, manu propria subter eam firmavimus et anulo nostro insigniri [jussimus].

Signum Karlomanni gloriosissimi regis.

Nerbertus, notarius, ad vicem Wlfardi recognovit.

Datum nonis junii, anno tercio regni Karlomanni gloriosissimi regis, indictione XIIIª.

Actum apud Pauliacum vicum, feliciter, amen.

Hugo venerabilis abba hoc ambassiavit [1].

---

[1] Imprimé par dom Bouquet (*Scriptores rerum francicarum,* vol. 9, p. 422), qui a régularisé l'indiction en lui donnant pour chiffre XIV au lieu de XIII.

Rôle des Diplômes, N° 2. Livre d'Argent, fol. 28 et 55 ; Livre Rouge, fol. 19.

———

III. — AVRIL 901, A SAINT-GONDON.

Charte de Gautier, abbé, et des religieux du monastère consacré à saints Jean, Florent et Gondon. Ils acensent à un nommé Amédée, à sa femme et à un de leurs héritiers, deux quartes de terre, avec la maison de laquelle elles dépendent ; le tout situé en Anjou, dans la viguerie de Doué.

Actum monasterio Sancti Gundulfi.

In Dei nomine, Walterus abbas ex monasterio Beatorum Johannis, Florentii necne Gundulfi, omnisque grex monachorum [1].

Notum sit omnibus, [tam] presentibus quamque futuris, quia postulavit nobis quidam homo, Amedeus

[1] D'une importance capitale pour l'histoire de Saint-Florent, et inconnue jusqu'à présent, cette charte m'avait échappé, lorsque j'ai annoté le texte des Chroniques des églises d'Anjou. Voir pages 198 et 240.

Elle ajoute, après Raoul, successeur d'Hecfrid, un nom à la liste des abbés de Saint-Florent antérieurs à la restauration du monastère en Anjou, et constate son existence régulière à Saint-Gondon, entre 881 et 901. La consécration de l'église du château de Saumur ayant eu lieu en 950, sous l'abbatiat d'Hélie, *Helyas de Lyniaco*, moine de Saint-Benoît-sur-Loire, il est probable qu'il suffirait d'un nom, pour avoir désormais la série complète des abbés de Saint-Florent, en comblant la lacune qui existe entre Hélie et notre Gautier. Il y a lieu de croire que le successeur de celui-ci habita également Saint-Gondon, avec la majeure partie de ses religieux, les autres ayant séjourné près des reliques de leur saint patron jusqu'au jour où la ruse du moine Absalon parvint à enlever celles-ci de l'abbaye de Tournus, qui refusait de les restituer. L'incertitude des événements écoulés depuis le départ du Mont-Glonne jusqu'au retour en Anjou, 860-950, est du reste constatée par l'histoire de Saint-Florent, page 284 des Chroniques des églises d'Anjou, publiées en 1869 par la Société de l'Histoire de France.

nomine, et uxor illius, nomine Mulisenda, et unus heres eorum, ut de rebus nostris ad censum aliquid eis concederemus ; quod non denegavimus facere. Est enim ipsa terra Andegavensis in vicaria Doadensis, in villa que appellatur Daiciacus [1], habens quartas duas de terra arabile, cum casuale ; et ipsum casuale est caput duarum quartarum, que sunt per campos divise. Idcirco non designavimus terminationes ejus quia quaternarium numerum terminationis, qui in maximis conscribitur cartis, omnino extenditur. Hoc autem egimus tali conventu ut omni anno, festivitate sancti Johannis Baptiste, que celebratur VIII° kalendas julii, detur censum fratribus solidos duos. Si vero tardi aut negligentes fuerint reperti, minime perdant, sed licenciam habeant emendandi. Ut ergo hec manus firma omni tempore sit stabilis, manibus nostris signando firmare studuimus.

Signum Valterius abbas. Signum Walterius prepositus. Signum Fredericus. Signum Rainaldus monachus. Signum Bernerius. Signum Letardi. Signum Dodaldi. [Signum] Cadilo. Signum Bernodus.

- Data mense aprili, anno VIII° regnante Karolo rege [2]. Walterius scripsit.

Livre d'Argent, fol. 59, v.

IV. — Janvier et février 1095, a Bourges.

Transaction passée entre les abbés et religieux de Saint-Florent et de Vierzon, au sujet du monastère de Saint-Gondon.

[1] Sic pour *Daniciacus*, aujourd'hui Denezé.
[2] Charles le Simple, dont on faisait commencer le règne, en Anjou, le 28 janvier 893.

2

Donné jadis par les rois de France à Saint-Florent, il était tombé au pouvoir du vicomte de Bourges et de Gilon de Sully, qui l'avaient livré à l'abbaye de Vierzon. Après l'avoir réclamé, en exhibant leurs chartes, les moines de l'Anjou abandonnent perpétuellement Saint-Gondon à ceux du Berry, en considération des grandes dépenses qu'ils ont faites pour l'acquérir et le mettre en bon état ; mais à condition qu'il leur sera annuellement payé, à Saint-Florent, le jour de la fête de leur patron (2 mai), deux onces de bon or, faute de quoi l'abbaye angevine recouvrera immédiatement Saint-Gondon. Fait à Bourges, en présence de l'archevêque Audebert, le 4 janvier, ce traité fut confirmé à Vierzon le 6, et à Saint-Florent le 22 février, date de la charte.

Cum sit omnibus manifestum litterarum descriptionem ad hec valere ut per eam recoli valeant quæ in memoria nequeunt diu manere, utile duximus ad noticiam posterorum litteris mandare concordiam quam, communi assensu, de monasterio Sancti Gundulfi et rebus ad illud pertinentibus fecerunt Guillelmus abbas Sancti Florentii cum suis monachis, Umbaldus quoque abbas sancti Petri Virsionensis cum suis michilominus monachis.

Constat si quidem predictum Sancti Gundulfi monasterium, cum rebus suis, abbatibus Sancti Florentii habendum regulariterque disponendum a regibus Franciæ antiquitus donatum fuisse ; sed ex multis jam temporibus ab eorum potestate subractum, in potestatem et dominium abbatis Virsionensis, dono et auctoritate Bituricensis vicecomitis [1] et Gilonis de Soliaco, qui ejus tunc compotes fuerant, modernis temporibus devenisse. Quod cum abbas et monachi Sancti Florentii reclamassent, et secundum donationes et præcepta veterum regum jus in eo suum ostendissent, tandem benignitatis et caritatis intuitu, ne confratres suos Virsionenses

---

[1] Voir *Gallia christiana nova*, vol. 2, p. 138.

monachos, qui jam in adquirendo eo multa expenderant, gravare viderentur, concesserunt eis habendum et possidendum idem monasterium, et quicquid rerum illius jam adquisissent sive deinceps, Turonis superius, adquirere possent : ea tamen conditione ut per annos singulos in perpetuum duas uncias auri, boni et legitimi, pro recognitione antique rectitudinis, ad monasterium Sancti Florentii transmittant, ad festivitatem scilicet ejus que VI° nonas maii celebratur. Si vero, ut fit plerumque, legatus eorum impedimentum aliquod incurrerit, aut aurum in via ab raptoribus ablatum fuerit, [ita] ut illud die predicta ad monasterium exhibere nequeat, cognito ejus impedimento et probato, habeant quadraginta dierum spatium quo aurum, vel illud idem vel equæ valens, valeant quærere et ad monasterium Sancti Florentii transmittere.

Quod si ab hac conventione quoquo modo defecerint et eam adimplere neglexerint, tum vero monachi Sancti Florentii ad jus suum redeant, monasterium prædictum cum rebus suis recipiant, et monachi Virsionenses se de eo ulterius non intromittant. Hoc ut ita fieret statutum et definitum est primo quidem Bituricas, in presentia archiepiscopi et cleri, II° nonas januarii ; inde autem Virsione, in plenario capitulo, presidente abbate Umbaldo et concedentibus fratribus, multisquoque laicis presentibus, VIII° idus januarii ; novissime vero in capitulo Sancti Florentii Salmurensis, VIII° kalendas martii.

Nomina eorum qui hanc concordiam fecerunt sive fieri viderunt et audierunt : Willelmus abbas, Gervasius abbas, Aldebertus archiepiscopus, Umbaldus abbas, Rangerius monachus, Ebrardus monachus, Ebrardus decanus, Girardus monachus, Mauricius monachus, Hugo monachus, Rainaldus monachus, Matheus precentor, Rotgerius monachus, Drogo monachus, Isembardus monachus, Odo famulus, Giraldus Burditus, Ainardus, Tetbaldus monachus, Samuel famulus, Radulfus archidiaconus, Arnulfus monachus, Benedictus famulus, Stephanus Crassa Curta, Gosfredus de Virsione, Stephanus de Maiduno, Arnulfus filius ejus, Hugo de Mota, Hugo vicarius, Giraldus Musca, Rotbertus de Valenaco, Fulco de Virsione, Arnulfus Mitte Focum.

Data anno MXCV° incarnationis Domini, indictione III^a, VIII° kalendas martii; regnante Philippo Francorum rege.

Livre Noir, fol. 101; Livre d'Argent, fol. 58, v. — Dans le premier, la charte a pour rubrique : CONCORDIA DE S. GUNDULFO.

———

V. — FIN DE JUIN OU JUILLET 1095.

Récit détaillé des tentatives faites par les moines de Saint-Florent, pour amener ceux de Vierzon à leur payer deux onces d'or, en conséquence de l'acte par lequel Saint-Gondon leur a été abandonné. Le refus de ceux-ci constaté, l'abbé et les moines de Saint-Florent se décident à accepter l'offre, faite par Gilon de Sully, de leur livrer Saint-Gondon.

La charte contient le petit discours adressé par les deux mandataires de Saint-Florent aux religieux de Vierzon.

Notum sit scire volentibus quod Gilo de Soliaco voluit Sancto Florentio et monachis reddere Sanctum Gundulfum, cum omnibus expleturis; at monachi noluerunt recipere donec monachos Virsiones ad rationem misissent de pacto quod de eadem [ecclesia] inter eos factum fuerat. Miserunt ergo monachi Sancti Florentii ad eos duos de fratribus, Ingenulfum et Fulconem, qui illos Virsiones in presentia Goffredi de Virsione, qui

contentionem audierat et ex parte fecerat, adierunt et ab
eis quesierunt quid de pacto facere vellent quod tam cito
ruperant.

At illi, prius inutiles rationes pretendentes, tandem
responderunt se ad presens reddere non posse ; at Ingenulfus et Fulco adjecerunt : « Si vultis censum auri, ut
« constitutum, reddere, parati sumus ad ecclesiam nos-
« tram portare, et de transacto pacto, tantam scimus
« esse misericordiam in domno abbate et fratribus,
« veniam impetrare : sin autem totum, reddere non po-
« testis, saltem medietatem reddatis, et de residio respec-
« tum queratis, et monachum vestrum nobiscum mittatis,
« cui hoc ut perficiat injungetis ; sed si hoc facere non
« potestis, quia dicitis vos equis carere, saltem aliquem
« peditem mittite nobiscum, qui aliquam partem census,
« si dubitatis de nobis, secum deferat, et nos eum in via
« conducemus. Si hoc totum respuitis, ibimus ad
« Gilonem, et ecclesiam, si eam nobis reddiderit reci-
« piemus. »

Sed [quia] nec sic quicquam extorquere ab eis potue-
runt, iverunt ad Gilonem Ingenulfus et Fulco, et
ecclesiam cum rebus suis receperunt.

Livre d'Argent, fol. 56, v.

VI. — Fin de juin ou juillet 1095, a Sully.

*Gilon de Sully, reconnaissant l'antique droit de Saint-
Florent sur le monastère de Saint-Gondon, le lui restitue
avec ses dépendances, confirme gratuitement tout ce qui lui
sera donné dans son fief, et promet, ainsi que sa femme, d'in-
tervenir pour avoir l'approbation de l'archevêque de Bourges.
Associé par le prieur et les religieux de Saint-Florent à
leurs aumônes, jeûnes et prières, et assuré qu'à sa mort ils*

*célébreront pour lui le même service que s'il était moine,
Gilon les embrasse tous, avec serment de remplir à jamais
ses promesses. Fait en la maison de Huon de la Tour.*

Racionis est providentie tradere scripto quod jugi
memoria retinendum est.

Notum igitur sit presentibus et futuris quoniam Gilo
de Soliaco, recognoscens jus et rectitudinem quam
Sanctus Florentius ex antiquo in monasterio Sancti
Gundulfi habebat, redidit monachis Sancti Florentii
predictum monasterium, cum omnibus ad eam ecclesiam modo pertinentibus, pro peccaminum suorum
relaxatione, eterno jure possidendum. Si quid autem
in eadem parrochia eidem ecclesie de feodo Gilonis
datum vel relictum fuerit, hoc ipse Gilo ex pacto concedere debet sine omni munere et pretio, nisi a Deo
quod inde habeat ; sed et archiepiscopus Bituricensium,
sub cujus diocesi monasterium est, talem debet habere
[convenientiam] ut ipse archiepiscopus et uxor Gilonis,
sua concessione, hanc recognitionem et redditionem
laborent et confirment et monachis Sancti Florencii sine
precio concedant.

Monachi vero in omnibus beneficiis meritorum, tam
in elemosinis [et] jejuniis quam orationibus, de cetero
talem partem et hereditatem ipsi Giloni concesserunt
qualem se a Deo credunt et sperant habituros ; sed et
ejus obitu audito, officium de more sicut de fratre suo
complebunt. Ut autem hec convenientia de omnibus
firmior permaneret, ipse Gilo osculatus est monachos,
in fide et stabilitate ; dicens et contestans se in hac pro-
missione et redditione omnibus diebus vite sue permansurum.

Actum apud Oliacum [1] ; in domo Huonis de Turre.

_____

[1] Sic pour *Soliacum.*

Testes qui hanc viderunt convenienciam et audierunt : Ademarus prior, de cujus manu ipse Gilo beneficium predictum recepit, Clarenbaldus, Fulco monachus, Arnulfus filius Guillelmi, Huo de Turre, Hugo de Sancto Maxentio, Rogerius frater episcopi, Ainricus, Burdinus de Sancto Gundulfo, et alii plures.

Actum anno [ab] incarnatione Domini MXCVᵒ.

Livre d'Argent, fol. 60 ; avec la rubrique : De S. Gundulfo nova carta.

VII. — Mêmes date et lieu.

Autre rédaction de l'acte précédent, d'après laquelle la restitution faite par Gilon de Sully ne fut pas très-gratuite. Les moines de Saint-Florent lui donnent 1,000 sous, en monnaie de Blois, du change desquels, montant à 100 sous, il leur fait remise, et qu'il leur restituera s'ils viennent à perdre Saint-Gondon. N'acceptant pas, faute de les connaître, les cautions qu'il leur offre, le prieur et les cinq religieux se contentent du serment fait par Gilon, en qualité de chrétien, après les avoir embrassés et avoir été associé au bénéfice de leurs prières.

Quoniam sunt multi qui haud difficulter a vero in falsum divertantur, visum fuit bonum monachis Sancti Florentii Salmurensis memoriæ tradere litterarum convenientiam quam habuerunt cum Gilone de Soliaco, de ecclesia Sancti Gundulfi.

Recognoscens itaque Gilo antiquum jus et rectitudinem quam habebant Beatus Florentius et ejus monachi in ecclesia Sancti Gundulfi, reddidit eis ecclesiam cum omnibus expleturis et redditis, sine aliqua retentione, quas in predicta ecclesia monachi Virsionenses habuerant, qui eam paulo ante possederant. Fuit eciam in hac convenientia factum ut si aliquid daretur monachis in feodo Gilonis, ipse Gilo eis concederet sine aliquo precio quod inde haberet; et archiepiscopum, nomine Hildebertum, qui tunc Bituricensem regebat ecclesiam, talem haberet qui hanc reddicionem et ingressum monachorum in predictam ecclesiam Sancti Gundulfi sponte concederet, et uxor Gilolis [1] ejusdem, Aldeburgis, similiter faceret; et quod promisit postmodum complevit.

Pro hac ergo redditione ecclesiæ et rerum denominatarum et concessione, dederunt monachi, de substantia Sancti Florentii, ipsi Giloni precium mille solidorum Blesensis monetæ, excepto quod canbitionem centum solidorum, pro amore Ingenulfi monachi, perdonavit. Concessit etiam quod si aliquo casu, vel vi vel judicio, adhuc Gilone vivente, monachi prenominatam ecclesiam amitterent, ipse Gilo Sancto Florentio et monachis presignatam pecuniam restitueret. Monachi tamen predictam pecuniam ante dare noluerunt donec affidavit eis idem Gilo, per fidem suam, se omni tempore vitæ suæ hanc reddicionem et conventionem erga eos tenere; non enim ab eo obsides accipere poterant quos, in longinqua terra, minime cognoscebant. Promisit ergo eis Gilo fidem suam, non manu, ubi non est fides, sed verbis et animo, ubi est fides qualem decet christianum erga christianum observare; non enim est mos monachorum ex manu alicujus fidem accipere. Promisit utique se omni tempore vitæ suæ in hac conventione permansurum, et contra omnem hominem volentem eam destruere et monachis auferre, sine suo tamen dando, defensurum et garentaturum. Et ut firmiter et in æternum hoc se tenere ostenderet, in fide et societate osculatus est monachos, scilicet : Ademarum tunc priorem, Isenbardum Bardonem, Clarenbaldum,

---

[1] Sic pour *Gilonis*.

Fulconem de Bel Prael, promittens eis fidem in osculo sancto et societatem et accipiens beneficium orationum.

Actum apud Soliacum, in domo Huonis de Turre.

Original, avec la rubrique Donum Gilonis de Soliaco; *copie contemporaine et Livre d'Argent, fol. 60, v.*

VIII. — 3o avril [1096], au donjon des Haies.

Fidèle observateur de ses promesses, Gilon de Sully fait confirmer Saint-Gondon aux moines de Saint-Florent, non-seulement par sa femme Audeburge, fille du vicomte de Bourges, mais encore par son suzerain, Etienne, comte de Blois. Enfin il abandonne tous les droits qu'il pouvait avoir sur l'ancien domaine de l'abbaye angevine, en présence de dix témoins, notamment Geoffroi, comte de Gien, et Roger, frère de l'archevêque de Bourges.

Notum fieri presentibus et futuris bonum est quod Gillo de Soliaco monachis Sancti Florentii omnem conventionem quam erga eos habuit de monasterio Sancti Gundulfi executus est. Fecit itaque ipse Gilo quod comes Stephanus, in cujus dictionem honor ejus, si sine herede obierit, per successionem dicitur evenire, hoc concederet in camera sua, apud Blesim; Ingenulfo monacho, qui hoc requisivit, et ipso Gilone et Gervasio dapifero videntibus. Sed et uxorem suam Audeburgim, filiam Goffredi vicecomitis Bituricensis, idem Gilo talem habuit ut hoc, ipsa quoque, concederet et sua concessione confirmaret. Antiquum igitur jus et rectitudinem quam Sanctus Florencius in predicto monasterio habuerat ex longinquo, et quicquid in hac re se jure hereditario habere dicebat, Ingenulfo monacho presenti, et aliis omnibus monachis Sancti Florencii absentibus, pro anima sua dereliquit et concessit.

Actum in dangione Haiarum, ultima die aprilis.

Hoc viderunt et audierunt : Ingenulfus monachus, Goffredus comes de Geone, ipse Gilo, Rainaldus Paganus, Bernardus Fuldria, Albertus filius Tescelini, Margotus de Geone, Rogerius frater archiepiscopi, Bernardus filius Walonis, Robertus filius Berengerii, Galdricus Sanceriacensis, Matheus, Letardus archidiaconi, Rogerius famulus monachorum.

Signum Aldeburgis †.

Livre d'Argent, fol. 60, v.

———

IX. — 1097-1098 ? A BOURGES.

Pour mettre fin aux longs débats existant entre son monastère et celui de Vierzon, Guillaume, abbé de Saint-Florent, avait abandonné Saint-Gondon à des conditions qui ne furent pas remplies. Léger ayant succédé à l'archevêque Audebert, le nouvel abbé de Vierzon le prie, en plein synode, de citer devant lui l'abbé de Saint-Florent, qui avait dépouillé son monastère. Guillaume arrive à Bourges avec ses témoins, mais l'abbé de Vierzon refuse absolument de plaider ; et, vainqueur sans combat, Guillaume revient à Saumur, après avoir fait constater le défaut de son adversaire et reçu la bénédiction de l'archevêque.

Quoniam humana memoria plenarie non potest oblivioni obsistere quin temporis diuturnitate vincatur, auxilio scripturæ ei succurrere in rebus necessariis congruum esse non dubitamus. Notum sit igitur presentibus atque futuris Guillelmum abbatem Sancti Florentii, calumniis Virsionensium monachorum, super Sancto Gundulfo, quibus jam diu monachos Sancti Florentii fatigaverant, taliter finem imposuisse : ita ut

non amplius recte calumniandi viam ex precedentibus
habere possint.

Post multas hinc et inde contentiones et calumnias,
Umbaldus abbas Virsionensis et predictus abba Sancti
Florentii, cum suis partibus, Bituricas, in presentia
Aldeberti archiepiscopi, definitum placitum et concor-
diam fecerunt de Sancto Gundulfo; de qua concordia
plane Virsionensis abbas cum monachis suis defecerunt.
Postea vero, defuncto ipso abbate, Herbertus abbas,
ejus successor, suscitavit proclamationem de monachis
Sancti Florentii in frequenti synodo Bituricensi, ante
domnum Ligerium archiepiscopum, successorem Alde-
berti, dicens eos injuste abtulisse suo monasterio Sanctum
Gundulfum.

Quid plura? Tum ipse abbas proclamando, tum
legati sui, scilicet monachi sui, precibus multiplicatis,
petentes sibi terminum placitandi, persuaserunt prefato
archiepiscopo quatinus mandaret abbati Sancti Florentii
petitionem suam, neve differret placiti ponere terminum.
Quid iterum plura? Factum est ut petebant; archiepiscopo enim mediante et die determinante, assensu
patris utriusque, statutus est dies, id est dominica post
festum sancti Lucæ.

Igitur Willelmus abbas, taniam rem non negligenter
ducens, convenienter premunitus, Bituricensem sedem
adiit, die prestituto archiepiscopo se presentavit, placitum obtulit, testes suos adhuc vivos ibi exposuit.

Abba vero Virsionensis, nam et ipse aderat, videns
eum tam decenter preparatum et tam promte offerentem
quecunque, ad refrenendam astutiam Virsionensium,
de predicta calumpnia valere videbantur, respondit se
nullo modo cum eo placitaturum ipso die. Quo placi-
tare nolente, archiepiscopo tamen et Zacharia monacho
affirmantibus ipsum eundem diem causæ eorum agendæ

fuisse statutum, Guillelmus abbas, toto die perducto in expectatione placiti et oblatione testium ibi astantium, perlectaque carta sua in auditu archiepiscopi omniumque qui aderant, definito placito supradicto de quo Virsionenses ceciderant, postulata et accepta ab archiepiscopo benedictione, mane postero, victor sine prelio, licet fatigatus, in sua reversus est cum gaudio.

Testes : Guillelmus abbas Sancti Florentii, Rainaldus abbas Sancti Cypriani, Briccius abbas Sancti Jovini ; Mauricius, Umbaldus, Donatus, Fulco, Galo monachi Sancti Florentii ; Aminus et Gofridus monachi Sancti Jovini ; Guillelmus monachus Sancti Martini Majoris Monasterii ; Gilo Soliacensis ; Ligerius archiepiscopus Bituricensis, Zacharias monachus, Guillelmus clericus archiepiscopi ; Symon abbas Sancti Benedicti de super Ligerim ; Herbertus abbas Virsionensis [1], cum suis ; Guillelmus archidiaconus Andecavensis ; Petrus clericus.

Original et Livre d'Argent, fol. 57.

X. — 1098-1101 ?

Après la mort de Gilon de Sully, le comte Etienne (de Blois), fils et héritier de Thibaut, confirme à Saint-Florent, Saint-Gondon et toutes ses dépendances, étant près d'Orléans, dans un champ situé au bord du chemin de Sully.

Quand le comte Etienne fut parti pour Jérusalem, les dons ci-dessus furent confirmés, au château de Saint-Gondon, d'abord par Adèle femme du comte, puis par Guillaume fils de celui-ci et par sa femme Agnès de Sully, héritière de Gilon.

[1] Le nom de celui-ci et celui de l'archidiacre d'Angers sont précédés d'un chrisme, c'est-à-dire d'une croix accompagnée des deux lettres grecques X et P, qui désignent le Christ.

Post mortem Gilonis de Soiliaco, comes Stephanus, Tebbaldi filius, habuit hereditatem predicti Gilonis; et concessit monachis Sancti Florentii, tunc temporis morantibus apud Sanctum Gundulfum, monasterium Sancti Gundulfi perpetuo habendum, cum rebus omnibus pertinentibus ad idem monasterium, sicut predictus Gilo monachis reddiderat et concesserat. Testes qui hoc viderunt et audierunt : Rainaldus filius Goffridi comitis de Geone, Garnerius Maigot, dapifer comitis Stephani, Margotus Lupellus, Girardus Tarieta, et alii plures ex parte comitis; ex parte monachorum : Fulco de Bel Prael, monachus Sancti Florentii, Radulfus de Sancto Gundulfo, Herbertus miles et filii sui, Margotus, Landricus, Balduinus filius Hersendis, Hugo, Rainardus filius Stephani, et multi alii quorum non est numerus.

Actum in campo ultra rivum Aurelianensem, juxta viam quæ ducit Soliacum.

Hanc concessionem comitis Stephani affirmavit conjux ejusdem, Adela comitissa, post discessum ipsius in Jerusalem, dominica post Ascensionem, in castro Sancti Gundulfi, in domo Narberti militis, audiente Galone [1] priore, Gaudrico de Sancerree et Narberto milite, presentibus pluribus aliis. Item illud idem stabiliter concesserunt Willelmus filius comitis Stephani et Agnes filia Gilonis.

Actum apud Sanctum Gundulfum, in turre.

Hoc audierunt qui presentes aderant : Galo prior, Goffridus Giboinus, Bernardus filius Galonis, Radulfus de Sancto Gundulfo, Narbertus miles, Hugo miles, Landricus preses, Landricus filius Narberti, Baulduinus Hersendis et alii multi.

---

[1] Elu évêque de Saint-Paul de Léon (1105-1130 environ), il ne renonça pas à ses fonctions de prieur et séjourna fréquemment à Saint-Gondon. (Voir N°˙ XX à XXIX).

Pancarte originale du prieuré de Saint-Gondon, No 5.

Longue, étroite et composée de plusieurs feuilles de parchemin, elle a été écrite au commencement du XIIe siècle et contient treize pièces.

XI. — AVRIL 1104, A TROYES.

Charge de Richard, évêque d'Albano et légat du Saint-Siége. Elle contient le jugement prononcé par les archevêques de Tours et de Sens, ainsi que par les évêques d'Angers, d'Angoulême, de Chartres, d'Orléans, de Rennes et de Viviers, et confirmé par le concile de Troyes, au sujet du monastère de Saint-Gondon, qu'Herbert, abbé de Vierzon, disait avoir été enlevé injustement à son abbaye par les moines de Saint-Florent. Ceux-ci ayant prouvé que Vierzon n'a pas rempli les engagements stipulés par l'acte de janvier et février 1095, sont reconnus légitimes propriétaires de Saint-Gondon.

Richardus, Dei gratia, Albanus episcopus, apostolicæ sedis legatus, omnibus in Christo fidelibus. In Trecensi concilio querimoniam Virsionensis abbatis in monachos Sancti Florentii Salmurensis, de ecclesia Sancti Gundulfi, concilii judicio decisam esse cognoscite.

Virsionensis abbas Herbertus predictam ecclesiam reclamavit, cui rei canonice determinandæ judices canonicos deputavimus : nam archiepiscopi Radulfus Turonensis, Daibertus Senonensis ; episcopi vero Ivo Carnotensis, Leodegarius Vivariensis, Johannes Aurelianensis, Rainaldus Andegavensis, Marbodus Redonensis, Girardus Engolismensis, viso utriusque partis cyrographo, rem taliter diffinierunt. Quoniam enim Salmurenses monachos clarum erat prefatam ecclesiam, ex jure veteri, per reges Franciæ antiquitus possedisse, Virsionenses autem eam per vicecomitem Bituricensem et Gilonem de Soliaco multo post tempore suo dominio subjecisse, facto

utrisque de hac re cyrographo, statutum est ab archiepiscopo Bituricensi, Audeberto, ut Virsionenses, prefatam
ecclesiam possidentes, Salmurensibus monachis duas
auri uncias annuatim solverent; apposita conditione
tali ut si forte Virsionenses ab hoc statuto deficerent, sepedicta ecclesia in potestatem Salmurensium redigeretur.

Prescripti igitur judices, considerata utriusque partis
cyrografi concordi conditione, cognitoque monachos
Virsionenses reos esse de non reddito censu juxta condi-
tionem insitam cyrographo, unanimiter et inconcusse,
judicaverunt debere Salmurenses monachos possidere
prefatam ecclesiam de cetero sine calumnia. Eandem ergo
sententiam nos corroborantes, apostolica vice, decernimus ut in reliquum Virsionensium super hac re queri-
monia sepulta conticeat. Si quis vero posthac, presentis
diffinitionis non inscius, eam resuscitare presumpserit,
canonicæ sententiæ, uti contemptor canonum, subigatur.

Hujus consummationis diffinitionem audierunt et
collaudaverunt : Hilgodus abbas Majoris Monasterii,
Simon abbas Sancti Benedicti, Christianus abbas Sancti
Maximini, Briccius abbas Sancti Jovini, Rainaldus abbas
Lucionensis, Anselmus magister Lugdunensis, Drogo
magister Trecensis, Guillelmus archidiaconus Andegavensis, Guillelmus archidiaconus Pictavensis; de monachis vero : Fulco, Donatus, Galo, presente suo abbate
Guillelmo Sancti Florentii; Radulfus, Guillelmus,
Aiminus monachi Sancti Jovini; de laicis : Benedictus
camerarius, Paganus marescallus, Girardus. Hoc etiam
audivit totum concilium.

Actum in concilio Trecensi, anno Dominicæ incarnationis MCIV° indictione XIIª; Phylippo rege regnante.

Originaux. Livre Noir, fol. 101, v. Livre d'Argent, fol. 37
et 57. Livre Rouge, fol. 69; avec la rubrique PRIVILEGIUM
RICARDI LEGATI, DE S. GUNDULFO.

XII. — 5 OCTOBRE 1104, PRÈS ROME.

Bulle du pape Pascal II, adressée à l'abbé Guillaume ainsi qu'aux moines de Saint-Florent. Elle confirme le jugement rendu au Concile de Troyes, à l'égard de l'église de Saint-Gondon.

Paschalis episcopus, servus servorum Dei, venerabili fratri Guillelmo abbati Sancti Florentii et ejus congregationi, salutem et apostolicam benedictionem.

Virsionensis abbatis querela de ecclesia Sancti Gundulfi, adversum vos in Trecensi concilio agitata, qualiter decisa sit ex legati nostri Ricardi, Albani episcopi, qui eidem concilio prefuit, descriptione cognovimus. Patuit enim tunc prefatam ecclesiam Salmurensi cenobio per reges Franciæ antiquitus esse concessam ; Virsionenses autem monachos eam, per vicecomitem Bituricensem et Gilonem de Soliaco, multo post tempore, suo dominio subjecisse. Eadem etiam descriptione aliquando contigisse cognovimus quod Virsionenses monachi per Audebertum, Biturigensem archiepiscopum, concedentibus Salmurensibus monachis, prefatam Sancti Gundulfi ecclesiam ea conditione possederint, ut vestro monasterio duas auri uncias annuatim persolverent ; si quando vero ab eadem persolutione destitissent, sepedicta ecclesia in Salmurensium potestate redigeretur.

Visum est igitur fratribus, tam pro jure possessionis antiquo quam pro censu diutius intermisso, prefatam ecclesiam in vestri monasterii jus omnimodis redigendam. Et nos ergo, legati nostri seu ceterorum fratrum sententiam confirmantes, Virsionensium adversus vos querelam conticere precipimus, et supradictam ecclesiam in vestri monasterii jure perpetuo permanere sancimus.

Datum apud civitatem Castellanam , tertio nonas octobris, per manum Johannis diaconi et bibliothecarii.

Copies contemporaines. Livre Noir, fol. 102 ; Livre d'Argent, fol. 14 v. et 58 ; Livre Rouge, fol. 5 v.; avec la rubrique: Privilegium Pascalis papæ, de S. Gundulfo.

———

XIII. — 6 février 1158, a Latran.

Bulle d'Adrien IV, adressée à Philippe, abbé de Saint-Florent. Appelé à se prononcer sur le procès intenté par l'abbé de Vierzon, au sujet de Saint-Gondon, après avoir rappelé la transaction de 1095 et le jugement de 1104, il adjuge à perpétuité ladite église aux moines de Saumur.

Adrianus episcopus, servus servorum Dei, dilecto filio Philippo, Salmurensi abbati, salutem et apostolicam benedictionem.

Quotiens emergentes inter viros ecclesiasticos controversiæ ad nostrum referuntur examen, tantam ad investigandum suptilitatem, ad diffiniendum vero discretionem, nos oportet adjungere ut nec in præjudicium alterutrius partis aliquid prolatum appareat vel omissum, nec super his quæ decisa sunt aliqua in posterum dubietas oriatur. Venisti autem tu, dilecte in Domino fili, cum aliquantis fratrum tuorum , ad apellatus nostri præsentiam ; venit et dilectus filius noster R [1], Virgionensis abbas, et controversiam illam que super ecclesia Sancti Gundulfi inter vos agebatur in nostro auditorio tractavistis.

Ipse quidem ecclesiam illam monasterio suo anti-

---

[1] Cet abbé de Vierzon manque à la liste de la *Gallia christiana nova*, vol. 2, p. 138. Il doit être placé entre Foulque, mort avant 1157, et Pierre Ier, dont les plus anciens actes connus sont datés de 1163.

quitus tradiram, et postmodum cum antecessores tui, quibus a Carolo rege antea data fuerat, calumniam inde antecessoribus suis infigerent, monasterio suo ab eis sub annuo censu concessam asseverebat ; unde quia eam antecessores sui tenuerant, de qua re depositiones quorundam testium, qui tamen in judicio recepti non fuerant, demonstrabat, et sine judicio fuerant inde dejecti, restitutionem ejus sibi fieri reposcebat. Ceterum tu, contra hoc, et ecclesiam ipsam monasterio tuo primitus traditam allegabas, et predecessores tuos eam, post factam monasterio Virgionensi sub annuo censu concessionem, non contra formam justitiæ, sed ex lege conventionis recepisse monstrabas. Astruebas etiam causam hanc per bone memoriæ Ricardum quondam Albanensem episcopum, tunc apostolicæ sedis legatum, judicio terminatam et a beatæ recordationis papa Paschali, predecessore nostro, postmodum confirmatam ; et insuper, tam te quam antecessores tuos, eandem ecclesiam, longis ostendebas temporibus possedisse.

Nos igitur, tam tuis quam alterius partis rationibus auditis diligenter et plenarie intellectis, et visis præterea instrumentis tam super sententia prefati episcopi Albanensis quam super confirmatione prescripti antecessoris nostri, eandem ecclesiam tibi et monasterio tuo adjudicavimus ; et te commissumque tibi cenobium, tam super questione possessionis quam super questione proprietatis, ab impetitione Virgionensium monachorum absolvimus, et omnem reclamandi eis ulterius ademimus facultatem. Ut autem hec nostra sententia perpetuæ firmitatis robur obtineat, et in recidivæ contentionis scrupulum non valeat ulterius devenire, nos eam presentis scripti pagina precepimus annotari. Nulli ergo omnino hominum liceat hanc paginam nostræ diffinitionis infringere, vel ei ausu temerario contraire ;

si quis autem hoc attemptare presumpserit, indigna-
tionem omnipotentis Dei et beatorum Petri et Pauli,
apostolorum ejus, se noverit incursurum.

Datum Lateranis, VIII° idus februarii.

*Original. Livre d'Argent, fol. 15 et 56; Livre Rouge,
fol. 11, v.; avec la rubrique:* SENTENCIA ADRIANI PAPE, DE
S. GUNDULFO.

XIV. — 14 OCTOBRE 1095.

*Hugue de Saint-Gondon, pour la rémission de ses péchés
et de ceux de ses parents, surtout de sa femme Létice, donne
à Sainte-Marie, à Saint-Gondon, à Saint-Florent et aux
moines de celui-ci, la dîme de Curthualdo, tant des grains
qu'autres objets décimables. Lorsque, avec ses trois fils
Rainard, Geoffroi et Hugue, il confirma cette donation par
le dépôt d'un bâton sur l'autel de Saint-Gondon, ils furent,
ainsi que Létice, admis à perpétuité au bénéfice du monastère.*

Notum sit presentibus et futuris quoniam Hugo de
Sancto Gondulfo reliquit decimam de Curthualdo, tam
de annona quam de aliis que decimationem debent,
sancte Marie et sancto Gundulfo sanctoque Florentio et
ejus monachis, pro relaxatione peccaminum suorum et
parentum suorum, et uxoris sue Leticie nominatim,
perpetuo possidendam; concedentibus filiis suis Rainardo, Gosfredo atque Hugone. Ut autem hoc firmum
maneret, ipse Hugo, cum suis filiis, posuit baculum
super altare Sancti Gundulfi, in testimonium : ea
ratione ut ipse cum filiis et uxore recipiantur in beneficium monachorum, amodo et usque in sempiternum.
Hoc donum et relictionem viderunt et audierunt: Ingenulfus, Geraldus, Fulco, monachi; Radulfus de Sancto

Gundulfo, Landricus, Herbertus, Fulco filius Gandeberti, Balduinus, Vaslotus Furet, Garinus famulus.

Actum anno ab incarnatione Domini MXCV°, indictione 111ª, [11°] idus octobris, secunda feria ; Philippo
Francorum rege , Aldeberto Bituricensium archiepiscopo.

Livre d'Argent, fol. 56, v°.

—

XV. — Vers 1095-1100.

*Geoffroi Gibouin, gravement malade et reçu moine à Saint-
Gondon, donne aux religieux de Saint-Florent qui y demeu-
rent trois masures de terre à Puy-Boson, à Petra Miracli* [1]*,
à Vigneau, etc., etc. Pour les deux dernières, ceux-ci traitent
avec deux individus qui en réclamaient une partie.*

*A Ville-Macon, Geoffroi avait aussi donné une grande
partie de la terre, et à Runzaan sur Loire un droit de repas
sur deux paysans. En abolissant cette charge ruineuse, les
moines cèdent à ces paysans leur part dans la susdite terre,
moyennant 12 deniers de cens perpétuel.*

Goffridus Gibuini, captus gravi incommodo et infirmitate, postulavit a monachis Sancti Florentii apud
Sanctum Gundulfum morantibus se monachum fieri ;
et dedit pro hac re predicto Sancto et monachis unam
mansuram terræ apud Podium Bosonis, aliam apud
Petram Miracli , cum dimidio nemoris ; sed de ista
habet Landricus quartam partem, qui ponebat in ea
calunniam et servit inde monachis. Dedit etiam masu-

---

[1] Si cette dénomination ne s'applique pas à *Pierre Maru,* ferme
de la commune de Saint-Gondon, elle désigne probablement une
pierre d'apparence druidique, située près du bourg et nommée aujourd'hui la *Pierre Longue.* Ainsi que divers autres renseignements,
je dois à l'extrême complaisance de M. Boucher de Molandon les
noms modernes de divers lieux cités dans les chartes.

ram de Vinionis, quam diu habuerat Girbertus filius
Vitalis a Goffrido Gibuini, in servitio; scd abstulerat
eam sibi propter servitium debitum, quod persolvere
contepnnebat. Et quia monachi nolebant predictam
masuram habere cum calunnia, concesserunt illi Gir-
berto et filio ejus medietatem hujus masuræ, ut inde eis
serviret: eo tamen pacto ut si Girbertus vel filii ejus
sine herede de uxore morerentur, predicta medietas
terræ ad monachos rediret. Hanc conventionem viderunt et audierunt: Ingenulfus, Giraldus, Fulco monachi
Sancti Florentii; Radulfus de Sancto Gundulfo, Herbertus miles, Hugo, Landricus et alii plures.

Actum in claustro monachorum apud Sanctum Gundulfum.

Apud Villam Maconis, dedit adhuc unam magnam
partem terræ in pluribus locis; et apud Runzaan, super
Ligerim, servitium de duobus rusticis pro terra scilicet
receptum. Sed monachi concesserunt rusticis terram
illam pro duodecim nummis, pro censu annuatim, qui
in festivitate sancti Gundulfi persolvuntur: nolentes
illos gravare illo prandiolo quod receptum vocatur.
Unus de rusticis qui hanc terram habent vocatur Tet-
baidus, alter Dodo.

Pancarte orig., nº 1.

—

XVI. — Vers 1095-1100.

*Elisabeth, sœur de Raoul de Saint-Gondon, étant au lit de
mort, donne aux moines dudit lieu, pour la rémission de ses
péchés, un arpent de terre près de leur grange. Avant sa maladie, elle leur avait donné un pré dans le Val [de Loire].
Le tout fut confirmé par son fils Robert, non encore chevalier,
moyennant admission de sa mère et de lui-même au bénéfice*

des prières des moines. Le premier don fut confirmé dans le
cloître de Saint-Gondon, en présence de Raoul, oncle de Robert,
et d'autres.

Elisabeth, soror Radulfi de Sancto Gundulfo, moriens,
pro relaxatione peccatorum suorum, reliquit monachis
de Sancto Gundulfo unum arpentum terræ apud Sanctum
Gundulfum, juxta grangiam monachorum ; quæ antea,
dum sospes fuerat, unum pratum in Valle predictis
dederat monachis. Quod utrumque concessit Robertus
filius ejus, nondum miles. Hanc concessionem de ar-
pento viderunt et audierunt : monachi Fulco, Gislebertus et alii ; Radulfus avunculus illius Roberti,
Rainardus filius Stephani, Constantius, Radulfus famulus monachorum ; et monachi concesserunt et matri
et filio beneficium orationum.

Actum in claustro Sancti Gundulfi.

Pancarte orig., n° 2.

XVII. — VERS 1095-1100, AU CHATEAU DE GIEN.

Baronnet, cordonnier audit lieu, vend aux moines de Saint-
Gondon, ayant alors Foulque pour prieur, un demi-arpent
de vigne sis au bord de la Loire, près de la route qui va de
Gien à Briare, moyennant un cheval estimé 40 sous, 20 s.
en laine, plus 20 s. en monnaie de chaudière, comptés à
Rainaud Bertois, auquel la vigne était engagée. Fait en la
maison du vendeur, avec l'assentiment de sa femme, de ses
sœurs et de son frère ; en présence de trois témoins, entre autres
Hugue, cordonnier d'Orléans.

Baronet sutor, de Geone castro, vendidit monachis de
Sancto Gundulfo, Fulconi scilicet et aliis qui tunc temporis inibi aderant, dimidium arpentum vineæ ultra

Geonem, edificatum super Ligerim, juxta viam qua itur
Brieriam ; et habuit de rebus monachorum, pro hac
vinea, unum equum pro quadraginta solidis, et viginti
solidos in lana, et alios viginti solidos caldariensis
monetæ, quos pro illo reddidit Fulco Rainaldo Bertois,
qui vineam illam in pignore habebat. Hanc venditionem
concessit uxor illius Baronis Odelina, et duæ sorores illius
Ausendis et Pulcrasatis, et quidam frater suus Roguinus,
ad quem tamen de vinea illa nichil pertinebat.

Actum in domo illius, et ante, vidente Balduino
Hersendis filio et Radulfo nepote Fulconis monachi,
ex parte illius Baronis, vidente Hugone cordubanario,
qui de Aurelianensi pago venerat.

Pancarte orig., n° 4.

XVIII. — Vers 1100, en la tour de Saint-Gondon.

*Raoul de Saint-Gondon, atteint d'une grave maladie, inspiré
par la crainte et l'amour de Dieu, et pour le salut de son âme
et de celles de ses parents, donne aux moines toute sa part dans
les combres de la rivière de Quiaulne, avec le consentement
d'Aquilée, sa femme.*

Radulfus de Sancto Gundulfo, grandi infirmitate per-
vasus, timore Dei et amore, dedit et reliquit Deo et
Sancto Gundulfo et monachis, timens periculum animæ
suæ, portionem quam habebat in cumbris in Cogna flu-
mine, pro relaxatione peccaminum suorum et parentum
suorum. Hoc concessit Aquileia, uxor ejus. Testes qui
viderunt et audierunt : Fulco monachus, Rainardus
miles, filius Stephani, Girardus, Golenus, Aimericus
Greslart, Vaslet Frater Parvus, Odo clericus, Adelelmus
frater Odonis clerici et alii plures.

Actum apud Sanctum Gundulfum, in turre, dum ipse Radulfus adhuc de illa infirmitate jaceret.

Pancarte orig., n° 6.

———

XIX. — APRÈS 1100.

Le même Raoul de Saint-Gondon, étant malade, envoie chercher, un jour de Pâques, Giraud prieur dudit lieu et ses quatre compagnons, les priant de le faire moine. Ayant reçu le froc, il leur donne pour le salut de son âme et de celle de ses parents : 1° sa moitié en des terres situées au Val-de-Loire, à Travau, à Pierre Maru, dans la terre que cultivait Robert le Breton, plus une haste de terre à Vigneau ; 2° le droit de faire pasnager tous leurs porcs dans ses forêts ; 3° un nommé Thibaut Gomant, avec sa femme, sa sœur et leurs enfants, plus la femme de Thibaut fils de Gerberge ; 4° six deniers [de rente] sur Girard fils d'Adelelme. Enfin il autorise les religieux à recevoir tout ce qui pourra leur être donné dans son fief. Achalée ou Aquilée, femme de Raoul, et leur fils Archambaud, confirment tout ce qui précède.

Notum sit omnibus, tam presentibus quam futuris, quod domnus Radulfus de Sancto Gundulfo, infirmatus, in die sancto Pasche mandavit monachos Sancti Florentii, Giraudum priorem et Girardum Nutritum et alium Girardum, Raginaldum atque Rotbertum, qui illis diebus in monasterio Sancti Gundulfi manebant, et ab illis supliciter monachilem habitum sancte religionis quesivit. Quod impetravit et pro hac susceptione, necnon pro remedio animæ patris et matris, dedit omnipotenti Deo et sanctæ Dei genitrici Mariæ et sancto Gundulfo sanctoque patri nostro Florentio, de rebus facultatibusque suis, quas paterno jure possidebat: terram que est in Valle Ligeris, que partitur cum Gilone clerico ; et terram de Traval, que partitur cum comite ;

et hastam que est juxta Vinnalium ; et terram quam colebat Robertus Brito, que partitur cum comite ; et quod habebat ad Petram Marol ; et pasnagium in omnibus silvis suis omnium porcorum suorum dominicorum ; necnon et Tetbaudum Gomant et uxorem ejus et omnes qui nascentur ex illis, et sororem Tetbaldi filiumque ejus, et feminam Tetbaudi filii Girbergæ, filiam Girardi de Mesola ; et sex denarios de Pagano filio Adelelmi. Insuper concessit quod si, inspirante Deo, aliquis de ominibus suis de feodo suo aliquid, pro remedio animæ sue, Deo et monachis dare vellent, libere et absolute hoc agerent. Omnia ista supradicta annuerunt Acaleia uxor ejus et Archenbaudus filius ejus.

Herbertus miles testis, Landricus filius ejus, Renardus Hugonis filius, Guillelmus Garini filius, Balduinus filius Hersendis, Gilo clericus, Vaslinus preses, Iterius Liquois, Girardus Tarieta, Hugo de Sancto Maxentio, Teoinus de Blanoil, Vaslinus Forredus, Santholinus, Burgundus, Rotbertus Aglet.

Original, intitulé au dos Donum Radulfi de S. Gundulfo.

––––

XX. — Vers 1100.

Jean Bouteloup donne au prieur Galon et à ses moines la somme de 5 sous, pour avoir le droit d'acheter à Gerbert, fils de Vidal, sa moitié dans la terre qu'il tenait du prieuré à Vigneau. L'autre moitié, appartenant audit Jean, est abandonnée par lui aux religieux, pour être exempté de tout droit de terrage. Fait en tête du pont des moines, près du château.

Commisimus memoriæ quod monachi Sancti Gundulfi concesserunt Johanni Bota Lupum, ut emeret a Jerberto filio Vidali partem suam, scilicet medietatem terre de Vinneaun, sicut divisa erat, quam ille Jerbertus tenebat ab ipsis monachis; pro quo assensu dedit Johannes V solidos monachis. Monachi autem tali pacto hoc concesserunt ut Johannes partem Jerberti teneret amplius a monachis, et inde eis congruenter serviret; monachi vero partem suam, quam ipse Johannes jam dudum coluerat per manum illorum, pro terragio amplius haberent quietam sine calumnia : ita ut Johannes ex tunc nunquam se de ea intromitteret, nisi ex placito monachorum quoquo modo posset acquirere.

Actum in capite pontis monachorum, juxta castrum Sancti Gundulfi ; quod audierunt, monachi : Galo, Girardus, Gosfridus Gibuinus; Narbertus miles, Landricus pretor, Vahlinus de Villa Nova, Goffridus filius Marie.

Pancarte orig., n° 9.

——

XXI. — VERS 1100, A SAINT-GONDON

Tesceline, femme de Foulque, fils de Gandebert, le jour où il fut enterré, ayant reçu depuis quelque temps l'habit monacal, donne au prieuré de Saint-Gondon un arpent de pré ; et dans son bois, chaque jour, la charge d'un ou deux ânes pour le chauffage des religieux, avec droit de pasnage pour tous leurs porcs, sans aucune redevance. Fait dans le cloître, avec l'assentiment d'Isucie, fille de Tesceline et d'Aurenus son premier mari.

Tescelina, uxor Fulconis filii Gandeberti, illo die quo sepultus est idem Fulco, qui dudum habitum monachi susceperat, dedit monachis de Sancto Gundulfo unum arpentum prati de Meso Martini ; [et] ad calefaciendum monachis, quantum unus asinus vel duo unaquaque die [1] semel apportabunt. Et etiam predicta matrona, si monachi porcos habuerint quos transmittere velint in nemora in quibus ipsa habet partem, non habebit pasnagium vel trahinagium [2] ullo tempore. Hoc concessit Isucia, filia Aureni et ejusdem Tesceline.

Actum in claustro Sancti Gundulfi; vidente Balduino Hersendis filio, qui venerat cum ea, et filia ejus Isucia et Radulfo monachorum famulo et aliis pluribus.

Pancarte orig., nº 3.

XXII. — APRÈS 1100.

La même Tesceline, étant malade, règle comme il suit, avec l'assentiment de sa susdite fille, le droit de chauffage du prieuré dans son bois : six ânes une fois par semaine, trois ânes deux fois, deux ânes trois fois, ou une charretée par mois.

Superiori dono, de cotidianis asinatis lignorum, addidit predicta Tescelina, de quadam infirmitate jacens, annuente prefata Issucia, ut quotienscunque monachi voluerint accipiant de silva equivalens cotidiane asinate: scilicet ut mitant, si placet eis, sex asinos semel pro tota ebdomada, vel tres bis, vel duo ter, aut carretam in mense.

Hujus rei testes sunt : Galo monachus, Girardus monachus, Wullelmus presbiter, Narbertus miles, Baulduinus Cain.

Pancarte orig., nº 8.

---

[1] D'après la charte suivante, *vel duo* serait une interpolation.
[2] Ce synonyme de *pasnagium* n'est pas porté au Glossaire de Ducange.

XXIII. — Après 1100, a Saint-Gondon.

La même Tesceline. après la mort du susdit Foulque, veut aller à Jérusalem, pour l'amour de celui qui y vécut, mourut et ressuscita afin de sauver tous les hommes. Avant son départ, elle institua Dieu son héritier ; et elle donna notamment aux moines de Saint-Gondon, pour être associée à leurs prières, sa part dans les combres qu'ils possédaient en la rivière de Quiaulne.

Opitulari cupientes memoriæ hominum, quam sepius oblivio fragilitatis occupat, descriptione clarificamus ea que nequeunt retineri memoria, per succedentia temporum.

Ideoque presentibus et futuris notificamus quod Tescelina, uxor Fulconis filii Gandeberti, post mortem viri sui, qui monachus fuit, voluit ire Jerosolimam, pro illius amore qui fuerat ibi vivus et mortuus et resuscitatus, pro salute omnium. Antequam autem pergeret, fecit heredem Deum, cui omnia sunt, et sanctam ecclesiam ex hoc quod voluit. Dedit enim Deo et sanctæ Mariæ et sancto Florentio ac sancto Gundulfo et monachis Sancti Florentii partem quam tenebat in cumbris monachorum in Cogna fluvio sitis, accipiens ab eis orationum beneficia. Et ex hoc posuit super altare sanctæ Mariæ donum ; testesque sunt hi , monachi : Galo tunc temporis prior, Girardus Nutritus, Girardus alius, Rainaldus , Guillelmus presbyter; ex laicis : Rodulfus de Sancto Gundulfo, Rainardus filius Stephani, Rainardus filius Hugonis , Rotbertus frater Johannis Meschini, postea monachus.

Pancarte orig., n° 12.

XXIV. — Vers 1100.

Donation au prieuré de Saint-Gondon et à l'abbaye de Saint-Florent de l'église de Saint-Etienne-de-Coullon, par Bernard dudit lieu, Guillaume de Bourges, son fils, et le prêtre Rainaud, son neveu : à condition que le prieur Galon et ses religieux donneront le froc à Bernard, instruiront et entretiendront Guillaume pour en faire un moine ou un prêtre, et conféreront à Rainaud l'office de chapelain de Saint-Gondon, avec plus d'avantages que n'en ont eu ses prédéces- seurs. Ce don fut sanctionné par le dépôt du bréviaire des religieux sur l'autel de Sainte-Marie.

Veritatem ex integro custodire volentes, atque falsi- tatis inventores nichilominus vitantes, utile nobis visum est ad noticiam posterorum litteris mandare qualiter Bernardus de Colom filiusque ejus Guillelmus Bituri- censis, atque Rainaudus presbiter, nepos ejusdem Ber- nardi, ecclesiam de Colom monachis Sancti Florencii dederunt, et quale ab eis beneficium receperunt.

Cum igitur Bernardus ad senilem perveniret etatem, sciens se graviter peccase quia multa propter supra- dictam ecclesiam fecerat, accepto consilio a Rainaudo presbitero, nepote suo, monachis Sancti Florentii apud Sanctum Gundulfum morantibus se familiarem prebuit, atque ab eis anime sue salubre consilium investigare cepit. Quem cum Rainaudus presbiter videret vitam suam emendare volentem, monuit eum ut ecclesiam quam injuste tenuerat monachis supradictis donaret, eisque filium suum Guillelmum Bituricensem, quem ad litteras miserat docendum et enutriendum, traderet, et sic etiam ipse cum eis monachus fieret. Aperuit quoque ei Rainaudus porcionem suam illius ecclesie eisdem monachis se dare velle. Bernardus vero, intelligens hoc anime sue fore utile, quod ei Rainaudus intimaverat, cepit diligenter inquirere quomodo hoc, annuente filio suo Guillelmo, proficere posset. Aliquandiu itaque, concilio inter se abito atque quibusdam conventionibus inter se et monachos positis, ipse Bernardus filiusque ejus atque Rainaudus prebiter ecclesiam sancti Stephani de Colom, quam hereditario jure possidebant, cum rebus ad eandem pertinentibus, pro remissionne peccatorum suorum et pro animabus parentum suorum, monachis Sancti jam dicti Florentii dederunt et in perpetuum quiete habendam concesserunt.

In convencionibus quidem ab utrisque partibus factis, statutum est ut monachi Bernardum monachum faciant, filiumque ejus Guillelmum Bituricensem, in domo sua, honeste custodiant et diligenter vel doceant vel edoceri faciant, et sicut uni ex monachis, exceptis piscibus, cotidianum victum ei tribuant, atque decimam patris sui de Masolen, ad emenda sibi indumenta, in vita sua habere permittant vel eciam, si voluerit, eum monachum faciant; si autem presbiter fuerit, in ecclesia Sancti Gundulfi eum capellanum facient, vel in illa de Colom sicut eam Rainaudus habuit. Si vero aliquando cum Rainaudo presbitero, cognato suo, comedere voluerit, unum panem et unam ultram vini de domo monachorum habebit. Rainaudo quoque presbitero capellaniam ecclesie Sancti Gundulfi dederunt, quemadmodum ceteri presbiteri eam ante habuerant; et insuper nummorum medietatem ex quibus alii presbiteri quartam partem solummodo accipiebant, atque in festivitate Mortuorun medietatem candelarum. Decimam vero suam de Masollen, sicut Guillelmus Bituricensis, in vita sua habebit, nisi eam sponte sua monachis aliquo modo dimittere voluerit.

Hoc itaque, ut dictum est, ipsi tres, Bernardus videlicet et Rainaudus presbiter atque Willelmus Bernadi filius, concesserunt et istius rei donum, cum breviario monacorum, super autare beate Dei genitricis Marie posuerunt, intrante quadragesime tempore, IV° nonas marci, in presentia Galonis, tunc prioris, et aliorum qui cum illo erant monacorum et laicorum, quorum hec sunt nomina : Gainaudus Caruronus, Robertus Braocensis, Robertus Rufus ; de laicis : Vasledus Forredus, Seneelinus famulus monacorum. Et ut ista cunventio ex utraque parte firmiter atque indissolubiliter teneatur, dederunt monachi unicuique, Rainaldo scilicet atque Guillelmo Bituricensi, sex fidejussores totidemque ab unoquoque illorum recipientes.

Hec sunt nomina illorum quos illis monachi dederunt : Herbertus miles, Balduinus filius Hersendis, Rainardus filius Hugonis, Vaslinus preses, Landricus Pulcin, Rainardus de Arcola. Hii vero sunt quos Guillelmus monachis dedit : Rainardus filius Stephani, Landricus Pulcin, Johannes de Blancafot, Bernardus de Veteri Vado, Forredus de Colon, Ernaudus Ravi. Hii sunt quos dedit Rainaudus : Gosbertus Garner, Girrardus de Masollen, Ernaudus Ravi, Johannes de Blancafort, Sancelinus, Bernardus de Veteri Vado.

Original, intitulé au dos De Colons.

———

XXV. — Vers 1100, a Sancerre.

Donation de la dîme du four de Saint-Gondon au prieur dudit lieu et à l'abbaye de Saint-Florent, par les trois propriétaires du four : Hugue et ses deux fils, Richilde et son fils, Rainard fils d'Etienne. Ce dernier, retenu par la guerre au château de Gien, avait fait ce don par l'entremise de son beau-frère Baudouin. Revenant de la cour du comte, il le confirme, à la sortie du château de Sancerre, entre les mains du prieur Galon.

Notum sit omnibus, tam presentibus quam futuris, quod possessores furni castelli Sancti Gundulfi, timentes quod scriptum est : *Qui parce seminat parce et metet ;* atque cum gaudio intelligentes quod sequitur, id est : *Qui seminat in benedictionibus, de benedictionibus et metet ;* firmiterque credentes veram esse promissionem Dei, qua ait : *Date mihi decimam, et ego partes vobis multiplicabo novem ;* pro animabus suis atque suorum concesserunt Deo et sancte Marie sanctoque Gundulfo et monachis Sancti Florentii decimam partem predicti furni in perpetuum possidendam, id est omnino decimum panem furnagii.

Hujus igitur caritatis donum coram monachis Galone Gradulfo, Girardo, Gosfrido, et famulis eorum Radulfo et Rainaudo de Arcol multisque aliis, posuerunt super altare sancte Marie et sancti Gundulfi, cum quadam par-[te bacu]li, die dominica ante processionem, Hugo qui tenebat tertiam partem furni, presentibus et annuentibus filiis suis Rainardo atque Hugone, [et] Richildis, uxor Balduini, et filius suus Gosfridus, qui aliam terciam partem habebant. Rainardus autem, filius Stepfani, qui tercius coheres erat in eodem furno, sed tunc pro guerra Giomi morabatur, ibidem eandem donationem de sua parte fecit, per manum Balduini sororii sui, assentiente sorore sua Maria et nepote suo Stefano. Ipsemet vero Rainardus, paulo post revertens a curia comitis, ad exitum castri quod dicitur Signum Cesaris, reiteravit prefatum donum, in manu Galonis, tunc prioris Sancti Gundulfi; presentibus : Vahledo Forredo, Willelmo Garini, Rainardo filio Hugonis.

Pancarte orig., n° 7.

XXVI. — Vers 1100.

Hugue de La Tour renonce à toutes les prétentions qu'il avait élevées sur un moulin que les moines de Saint-Gondon possédaient dans son fief. Il promet même de leur en garantir la jouissance, envers et contre tous, moyennant un cadeau de 20 sous, en monnaie de Sancerre; somme pour laquelle le prieur Galon lui donne son palefroi, qui valait beaucoup plus. Faites sur le chemin de Sully, près la maison de Girard du Puy, cette renonciation fut confirmée en la tour dudit lieu à la requête de Hugue, par sa nièce Constance, fille d'Aubry.

Sciant veritatis indagatores quod Hugo de Turre omnem calumniam de molendino monachorum sito in suo feuuo, in terra Franconis, guerpivit et pepigit. Quod si aliqua calumnia alicunde ipso vivente insurgeret monachis, gratis eam prorsus extingueret : tali pacto ut monachi darent ei caritatem, scilicet XX solidos Sancerrensis monete; pro quibus statim solvit illi Galo, tunc prior, palafredum suum, apposito precio ad libitum ipsius Hugonis, plus enim judicabatur valere.

Actum in via qué ducit Soliacum, juxta domum Girardi de Podio. Hoc audierunt : Radulfus et Hugo milites de Sancto Gundulfo, Fulco Bufauldi, Sacelinus famulus monachorum, Dodo filius Franconis et Morinus suus homo.

Postmodum Constantia, filia Auberici, huic concordie, quam patruus suus fecerat cum monachis, ipso Hugone ei persuadente, assensum ex parte sua prebuit, in turre Soliacensi; ubi presentes erant : Fulco monachus, Galo monachus, Hugo de Turre, Agnes uxor sua, Baulduinus filius Hersendis, Landricus filius Narberti, Gosfridus de Carnoto.

Pancarte orig., n° 10.

XXVII. — Vers 1100.

Gravement malade, et pour être associé aux prières des moines de Saint-Florent qui habitent Saint-Gondon, Guillaume Guérin donne à leur prieur Galon, jadis évêque, un pré sis en marés près de Menetreau.

Scribimus ad memoriam posterorum quód Willelmus Garinus dedit monachis Sancti Florentii, apud Sanctum Gundulfum manentibus, quoddam pratum in marés, apud Monesterol, pro animabus parentum suorum, et ut ipse oracionum eorum particeps fieri mereretur.

Facta est autem ista donatio in domo ipsius Willelmi, ubi infirmus jacebat, in manu Galonis episcopi et monachi Sancti Florentii, cum baculo episcopali; videntibus et audientibus qui aderant, quorum hec sunt nomina : Robertus Braiocensis, Robertus Rufus, monachi ; de laicis : Herbertus miles, Baldoinus frater ejus, Constantinus Caseus, Sancelinus famulus monachorum.

Pancarte orig., n° 11.

———

XXVIII. — 1108, a Bourges.

Charte de Léger, archevêque de Bourges. Il donne à l'abbaye de Saint-Florent l'église de Saint-Etienne de Coullon, avec l'assentiment des chanoines de sa cathédrale et pour être associé au bénéfice du monastère. Fait dans le réfectoire de Saint-Etienne, où Gilbert, prieur de Saint-Gondon, reçut du prélat un gant, comme investiture de ladite église.

Solet sepenumero rerum antiquitus gestarum memoriam obfuscare multum custodiende justicie infesta oblivio. Cum enim justicia decernat ut unicuique quod suum est conservetur, per veritatis oblivionem multociens contingit ut, quod alterius vere jus esse proprium constat, ab altero quasi jus suum usurpetur. Hujusmodi igitur justicie impedimentum devitare studentes, que memoriter retinere volumus, scripture munimento confirmamus.

Ego itaque, Leodegarius, Dei gratia metropolitanus urbis Biturice, beneficiorum particeps esse sanctarum congregationum desiderans, donavi Sancto Florentio et ejus monachis ecclesiam sancti Stephani que vocatur de Colom, juxta Sanctum Gundulfum, cum assensu Mathei archidiaconi et Jerberti archipresbiteri aliorumque clericorum meorum qui aderant; atque in perpetuum quiete possidendam concessi. Et ut firmum ratumque permaneat hoc donum, in manu Gisleberti, prioris Sancti Florentii, cum quadam cirotheca sollempniter posui; et sigillo meo hanc cartam muniri precepi et manu propria subscripsi. Hujus rei testes sunt qui interfuerunt : Girardus Engolismensis episcopus, Galo Leonensis episcopus et Sancti Florentii monachus, Matheus archidiaconus, Jerbertus archipresbiter, Robertus presbiter, Gislebertus prior Sancti Gundulfi, Robertus monachus.

Facta est autem ista donatio Bituricas, in refectorio sancti Stephani, anno MCVIII° ab Incarnatione Domini, indictione prima; regnante Francorum rege Philipo.

Ego Geraldus, Engolismensis episcopus, huic donationi interfui et subscripsi [1].

Signum Leodegarii archiepiscopi. Signum Galonis episcopi.

Original intitulé Carta de ecclesia S. Stephani de Colom; *et Livre d'Argent, fol. 61. Livre Rouge, fol. 69, v.*

---

[1] La signature de l'évêque d'Angoulême se compose d'un double S, traversé obliquement par un trait; c'est-à-dire ce qu'on a appelé des S barrés à la fin du XVI° siècle et au commencement du XVII°.

XXIX. — 7 décembre 1111, a Jargeau.

Charte de Jean, évêque d'Orléans. Après avoir donné aux moines de Saumur les églises de Saint-Florent et de Léon, près Saint-Gondon, il en investit Galon, religieux dudit monastère et évêque de Saint-Paul-de-Léon, en Bretagne. Ayant autorisé lesdits moines à retirer ces églises des mains des laïques, le prélat n'y réserve que la prééminence de sa cathédrale.

Cum ad omnes christiane professionis fideles juste pertinere videatur ut loca sacre religioni dicata summopere diligant, edificent et augmentent, precipue universos eos qui qualibet dignitate preminent, merito condecet quatenus hujuscemodi devotionis vel largitatis exemplum, opum attestatione, studiose prebeant.

Porro ego Johannes, ecclesie Aurelianensis episcopus et minister, licet indignus, hanc sententiam generalem esse intelligens, quamvis eam per memet ipsum adimplere, multis seculi impedientibus curis, negligentius satagens, duas parrochiales ecclesias, dudum secularium hominum dominiis ancillatas, id est ecclesiam Sancti Florentii et ecclesiam de Leon, prope castrum Sancti Guldulphi sitas, Deo et sancto Florentio monachisque Salmurensis monasterii omnino in perpetuum quiete et solute possidendas, salva Aurelianensis matris ecclesie dignitate, stabiliter dono et concedo. Volumus igitur atque monemus ut prefati monachi eas de manibus secularium eripere et liberare, ad laudem Dei et honorem sui monasterii, disponere diligenter studeant. Auctoritate etiam Dei et nostra, sub pena anathematis, interdicimus ne, occasione aliqua, quisquam successorum nostrorum sive aliorum cujuslibet ordinis, contra hanc donationem nostram, predictis monachis super preno-

minatis ecclesiis ullam omnino infestationem vel ca-
lumpniam inferat.

Datum Gargovii, per manum Galoni episcopi,
monachi Sancti Florentii, vii⁰ idus decembris, anno
incarnationis Dominice MCXI⁰; regnante Ludovico
rege anno IV⁰.

Signum Johannis episcopi †. Signum Galonis episcopi †.

Livre Rouge, fol. 67 v⁰, avec la rubrique Confirmatio
super ecclesia S. Florentii et ecclesia de Leon

XXX. — Après iiii?

Pour le salut de son âme, ainsi que de celles de son mari,
Hugue Claretis, de son fils Timer et de tous ses parents, une
dame, appelée Domna, fait donation à l'église de Saint-
Gondon d'une partie de la terre qu'elle possède à la source de
la Quiaulne.

Cum omnia in scripturis sanctis memoriter ac hono-
rifice teneantur, nos maxime, qui servitores sumus
ecclesie Dei, elemosinas nostras debemus scripto com-
mendare. Nam Domna, conjux Hugonis Claretis, videns
omnia transitoria in hoc seculo, dedit quamdam partem
sue telluris, que est in capite Conie, ecclesie Beati
Gundulfi, pro anima sui conjugis atque pro sua, et pro
anima filii sui Timerii atque pro animabus aliorum
parentum. Hujus rei sunt testes : Girardus prior, Bernerius, Rainaldus, Goslenus, Rainaldus sacerdos, Giraudus faber, Hugenus de Porta, Gunbertus.

Pancarte orig., n⁰ 13.

XXXI. — Vers 1140.

Archambaud de Saint-Gondon, avec l'assentiment de sa femme Guiburge et de leur fils, ainsi que du seigneur de Sully, donne à Roger, prieur, et aux trois moines de Saint-Gondon, en pleine propriété, moyennant un cadeau de 60 sous, la terre de Pierre-Maru, défrichée dans sa forêt, avec celles de Coullon et de la Noue-Ernard.

Quoniam una generatio preterit et alia advenit, emptiones donationesque terrarum et conventiones que inter homines fiunt, ne oblivioni tradantur, literarum memorie commendantur.

Notum sit igitur omnibus, tam posteris quam presentibus, quod Erchembaldus de Sancto Gundulfo, pretermissa omni calumpnia, sue suorumque saluti anime providens, Deo et monachis prefati Sancti Gundulfi concessit terram de Petra Marol, ante et retro, quam agricole de nemore abstraxerant et arabilem reddiderant, et alias terras plures, videlicet : terram de Colons, et de Noa Ernardi omnibus calupniis, ut jam diximus, postpositis. Et ut hec concessio sive donatio firma et stabilis permaneret, ipse Erchembaldus hanc cartam signo suo presignavit ; et uxor sua Guiburgis et filii ejus, qui volenti animo et cartam signis signaverunt et concesserunt. Domnus quoque Erchembaldus de Soliaco, per cujus manum hec acta sunt, laudavit et voluit, et hanc cartam signo suo et sigillo confirmavit ; et gratia hujus rei, predicto Erchembaldo de Sancto Gundulfo dederunt monachi LX solidos, de karitate Sancti Gundulfi.

Testes sunt : Rogerius prior, Goridanus, Gauterius, Filipus, et isti sunt monachi ; Margot, Rainaudus presbiter, Rainaudus de Petra Marol, Daniel Geschipi, Gima, Mazet [1].

Signum comitis †. Signum Arcembaldi †.

Original jadis scellé, intitulé : DE ERCHEMBAUDO ; DE CONCORDIA [SUPER] OMNIBUS CALUMNIIS ; DE PETRA MAROL ET DE COLUNS ET DE NOA ARNALDI S. GUNDULFI.

Voir aussi *Livre d'Argent, fol. 38 v°, et Livre Rouge, fol. 70.*

XXXII. — 1142.

Concession par Renard de Saint-Gondon, à Roger, prieur, et aux moines dudit lieu, du droit d'y faire un four pour leur usage, sans payer aucune redevance. Dans le cloître du prieuré, ce don fut confirmé par le comte Archambaud et par plusieurs personnes, entre autres les trois fils de Renard. Nariot, l'aîné, reçut du prieur 50 sous, et Henri, le second, 5 sous.

Quoniam una generatio preterit et alia advenit, emptiones sive donationes terrarum ceterorumque edificiorum, ne oblivioni tradantur, litterarum memorie commendantur.

Notum sit igitur omnibus quod Renardus de Sancto Gundulfo, sue suorumque saluti anime providens, concessit monachis ejusdem loci, in tempore Rogerii prioris, facere furnum, ad opus eorum, ad panem suum coquendum : ita quod amplius non redderent furnagium. Hoc quidem concesserunt filii ejus : Nariotus scilicet et Henricus et Dambertus ; qui Nariotus habuit inde L solidos et Henricus V, pro concessione sua. Hoc idem concessit Gaufridus et filii ejus, et Balduinus et

[1] **Variantes du Livre d'Argent :** *Bechespi, Guimerus Musart, Matet.*

filii ejus ; et hoc donum omnes super altare posuerunt. Hujus donationis testes fuerunt ex utraque parte : Herchembaudus de Sancto Gundulfo, Guillelmus Triveel, Bruno Chamor, Bechespicus, Andreas Matet, Briencius Daustri et alii plures.

Hoc enim actum est in claustro monachorum Sancti Gundulfi, per manum domni Erchembaldi incliti comitis, MCXLII° anno ab incarnatione Domini †.

Livre d'Argent, fol. 38; et Livre Rouge, fol. 70 v°, *avec la rubrique* Hoc est cirographum de furno S. Gundulfi.

———

XXXIII. — Vers 1170.

Gilon, seigneur de Sully, pour le salut de son âme et de celle: de ses parents, confère à l'abbaye de Saint-Florent et à son prieuré de Saint-Gondon le droit d'y établir, le jour de la fête du saint (18 octobre), une foire qui sera tenue dans les mêmes conditions que celle ayant lieu en été. Fait dans le château dudit lieu, à la porte de l'église.

Quoniam generatio preterit et generatio advenit, ne quod in presenti agitur cito deleatur, literarum memorie tradimus quod dominus Gilo de Soliaco, anime sue ac parentum suorum perpetue utilitati providens, concessit Deo et Sancto Gundulfo monachisque Beati Florentii ibi Deo famulantibus, feriam ad festum Sancti Gundulfi celebratam, qui est xv° kalendas novembris; secundum consuetudinem alterius ferie que est in estate, hereditario jure possidendam. Hoc concessit in castro sepedicti Sancti, ante fores ecclesie, sugerente Bartholomeo tunc priore.

Hujus autem rei quamplurimi testes affuerunt. Ex parte monachorum : ipse Bartholomeus tunc prior, Igerius Robed, Benedictus condonatus noster, et Gofredus capellanus noster; et famuli nostri : Johannes Burlot, Robertus de Villa Nova, et Saaciers et Pipo; de militibus : ipse dominus Gilo, et Archembaudus de Sancto Gundulfo, Robertus et Henricus filii ejus, et Nariodus, Robertus Sarafles, Bernardus de Insula, Bernardus de Scannis, Gilo Mala Brueire; de clientibus : Andreas prefetus, Herbertus Passet, Henricus Mauferas, Hugo Saul; de burgenssibus : Andreas Mathet, Johannes Boler, Hemericus de Porta, Bernart Sennefeue, Orricus de Porta.

Original jadis scellé, intitulé DE FERIA S. GUNDULFI.

———

XXXIV. — 1172, A SAINT-GONDON.

Gilon de Sully, étant en guerre contre Jean son frère, fait boucher le portail des moines existant dans le mur du château, près du pont. Pour maintenir un droit de passage existant depuis la construction dudit château, et remédier au dommage qu'ils éprouvent, le prieur Geoffroi et ses trois religieux recourent à Raoul, prieur de la Charité, frère de Gilon. Celui-ci leur accorde, à perpétuité, une entrée sur un autre point, à condition qu'en temps de guerre son prévôt en aura la clef, sauf à ouvrir, pendant le jour, la porte aux moines. Fait dans le cloître du prieuré.

Sciant tam moderni quam posteri quod Gilo, dominus Soliaci, habens guerram cum Johanne fratre suo, portallum monachorum, quod erat in murum castri apud pontem suum, obturari precepit. Monachi vero ibidem commorantes, de tanta injuria contristati, ad dominum Gilonem cum Radulpho priore Caritatis, fratre suo, qui divino nutu ipsa die in castrum venerat, ambulaverunt; multis intercessionibus ipsum deprecantes ne eis injuriam faceret, quia illum introitum ab initio castri habuerant, et qui defensor eorum debebat existere eos non presumeret exercere.

Quo audito prefatus dominus, Dei et reverentissimi Gundulphi amore et fratris sui prece, eis absolute et quiete alium introitum in perpetuo habendum concessit : tali pacto ut, quamdiu guerram haberet, prepositus suus per noctem clavem porte custodiret, et per diem eis aperiret; in tempore autem pacis, nullo prohibente, clavem porte habeant monachi. Et ut ratum et firmum haberetur, ipse Gilo hanc cartam fieri precepit, quam proprio sigillo suo sigillavit. Ex utraque parte testes fuerunt. Ex parte monachorum : Radulphus prior Caritatis, Goffredus de Sancto Gundulfo tunc temporis prior, Raginaldus de Salmuro monachus, Arnaudus monachus, Goscelinus monachus, Goffredus capellanus, Johannes clericus, Nariodus, Rainaudus de Leone. Ex parte domini Gilonis : Hugo de Lievrio, Bernaldus de Insula, Robertus Major, Robertus de Monesto.

Actum est hoc in claustro Sancti Gundulfi, anno MCLXXII°.

Livre Rouge, fol. 70.

XXXV. — Vers 1050.

Charte de Lisoy, seigneur de Chaumont sur Loire. Avec l'assentiment de sa femme ainsi que de ses fils, et pour le salut de leurs âmes, il affranchit de son droit de péage audit lieu tout ce qu'y font passer les moines de Saint-Florent, soit par terre, soit par eau. Ceux-ci, reconnaissants, lui donnent un cheval estimé 60 sous.

Cum nulli mortalium dies extremus habeatur cognitus, oportet quenque fidelium, quoad potuerit, bonis invigilare operibus quatinus, vocante Domino, obviare valeat securus.

Hujus rei gratia ego Lisoyus, castri quod vocatur Calvus Mons oppidanus [1], memor evangelici præcepti quo Dominus dixit : *facite vobis amicos de mamona iniquitatis, ut, cum defeceritis, recipiant vos in æterna tabernacula*, cupiensque recipi in ipsis tabernaculis, cum a præsenti vita, morte interveniente, defecero, Sancto Florentio et monachis in ejus monasterio Deo militantibus, faventibus conjuge ac filiis meis, omne theloneum sive pedagium quod de quibuslibet rebus eorum per prænominatum castrum conducendis me contingit, pro animæ meæ et conjugis ac filiorum meorum remedio, concedo et in perpetuum donatum esse cupio. Habeant itaque monachi supradicti sancti amodo omnem licentiam omnemque securitatem transmeundi, sive per terram sive per aquam, cum mercibus suis per portum istius castri ; nullus missus noster exactionem ab eis presumat requirere, sive in eundo sive in redeundo ; naves et vehicula eorum necessaria deferentia, nemine impediente seu inquietante, libere pertranseant.

Et quamvis istam donationem, pro animæ meæ emolumento Sancto Florentio contraditam, firmiter atque inconvulse crediderim permansuram, tamen, ut firmior veriorque credatur, noverint omnes mei heredes a jam dictis monachis me unum equum, LX solidis preciatum, suscepisse ; ut non solum ad animæ meæ remedium verum etiam ad corporis proficiat talis donatio aliquod adjumentum. Si quis autem ex parentibus sive de heredibus, vel etiam qualiscunque intromissa persona, contra hoc testamentum, quod fieri non credo, aliquid

[1] V. Chroniques des comtes d'Anjou, publiées par la Société de l'histoire de France, pages 116, 169 et suivantes.

agere vel repetere seu calumniam inferre voluerit, sive etiam contrarius extiterit, coactus potestate judiciaria, mille argenti solidos persolvat, et quod repetit irritum fiat et hec donatio firmissima in perpetuum maneat, ad profectum animæ meæ, beato Florentio pro nobis intercedente. Et ut hæc convenientia certiorem in perpetuum obtineat vigorem, manu propria cum signo sanctæ crucis eam auctorizavi, meorumque fidelium manibus, testimonii causa, tangendam tradidi.

Signum Lisoii †, qui hanc kartam fieri precepit.

Signum Hersendis uxoris ejus [1].

Signum Sulpicii filii ejus, atque Hugonis fratris ejus †.

Signum Girardi prepositi. Signum Hervei Ambaciensis. Signum Hudonis. Signum Wathonis. Signum Raginaldi vicarii. Signum Goszelmi camelarii. Signum Hatonis. Signum Raginaldi sacerdotis. Signum Odonis Brise Hasta. Signum Wandeberti. Signum Gauzfridi Inferni.

Livre Noir, fol. 92, avec la rubrique DIMISSIO TELONEI DE CALVO MONTE.

---

[1] Après ce nom, celui de Hugue et chacun des suivants, il y a une M accompagnée d'un trait. Les derniers mots du texte prouvent que cette abréviation signifie *quæ* ou *qui manu tetigit,* ou *manu firmavit.*

TABLE

PAR NOMS DE LIEUX [1]

Albanensis episc. [2] Richardus legatus apostolicæ sedis 11-13. — *Andegavensis* pagus 3 ; episc. Rainaldus 11 ; archid. Guillelmus 9, 11. — *Aurelianensis* pagus 17 ; rivus 10 ; episc. Johannes, 11, 29.

Bituricas 4, 9, 28. — *Bituricensis* archiep. Aldebertus, Hildebertus, 4, 7, 9, 11, 12, 14 ; Leodegarius, Ligerius 9, 28 ; archid. Letardus, Matheus 8, 28 ; archip. Jerbertus 28 ; vicecomes 4, 8, 12. Guillelmus 24. — *Blesensis* moneta 7 ; comes Stephanus, Agnes ux. ejus, Willelmus fil. ejus, Garnerius et Gervasius dapiferi 8, 10. — *Blesis* 8. — *Brieria* 17.

Calvus Mons 35. — *Caritas*, prior Radulfus, fr. Gilonis de Soliaco 34. — *Carnotensis* episc. Ivo 11. — *Castellana* civitas 10. — *Cognia, Conia* fluvius 18, 23, 30. — *Colom* terra 31 ; eccl. S. Stephani 24, 28 ; Bernardus, fil. et nepos ejus 24 ; Forredus 24. — *Curthualto* decima 14.

Daniciacus villa 3. — *Doadensis* vicaria 3.

Engolismensis episc. Girardus 11, 28.

Franciæ reges 11, 12 ; Carlomannus 2 ; Carolus 1, 3, 13 ; Ludovicus 29 ; Philippus 4, 11, 14, 28. — *Franconis* terra 26.

Gargovium 29. — *Geon, Giomum* castrum 10, 17, 25 ; comes Goffredus 8, 10, 19 ; Baronet sutor, et familia ejus 17 ; Margotus 8.

----

[1] Les chiffres indiquent les Nᵒˢ des chartes.

[2] ABRÉVIATIONS

Archid...............	*pour*	archidiaconus.
Archiep...............	—	archiepiscopus.
Archipr.	—	archipresbiter.
Eccl	—	ecclesia.
Episc................	—	episcopus.
Fil..................	—	filius.
Fr...................	—	frater.
Mag..................	—	magister.
Mon..................	—	monachus.
Presb................	—	presbiter.
Ux...................	—	uxor.

Haiæ, dangio, 8.

Jerusalem 10, 23.

Lateranis 13. — *Leon,* ecclesia 29. — *Leonensis* episc. Galo, mon. S. Florentii 27-29. — *Ligeris* 1, 2, 15, 17. — *Lucionensis* abbas Rainaldus 11. — *Lugdunensis* mag. Anselmus 11.

Majus Monasterium [*Turonense*], abbas Hilgodus 11 ; mon. Guillelmus 9. — *Massolen,* decima 24 ; Girardus 24. — *Mesum Martini* 21. — *Monesterol* 27. — *Monesto,* 34.

Noa Ernardi 31. — *Nobiliacus,* cella S. Gundulfi 1, 2.

Pauliacus, vicus 2. — *Petra Marol* 19 ; Rainaudus 31. — *Petra Miracli* 15. — *Pictavensis* archid. 11. — *Podium Bosonis* 15. —

Redonensis episc. Marbodus 11. — *Runʒaan* 15 ; rustici Dodo et Tetbaldus 15.

Salmurensis abbatia S. Florentii, *passim.* — *Sancerrensis* moneta 26 ; Galdricus 8.

Sanctus Benedictus de super Ligerim, abbas Symon 9, 11. — *Cyprianus Pictavensis,* abbas Rainaldus 9. — *Florentius* abbas : Dido 1, 2 ; Guillelmus 4, 9, 11, 12 ; Hecfridus 1 ; Philippus 13 ; Rodulfus 2 ; Walterius 3. Mon. 9, 11. — *Florentius,* ecclesia diocesis Aurelianensis 29.

Sanctus Gundulfus. cella in villa Nobiliacus 1, 2 ; claustrum, 15, 16, 21, 32, 34 ; eccl. 7, 11-13, 24 ; monasterium 3, 4, 6, 19 ; castrum 10, 20, 29, 33, 34 ; feria 33 ; furnus 25 ; turris 10, 18. — Priores : Ademarus 6, 7 ; Bartholomeus 33 ; Galo 10, 24-26 ; Girardus 30 ; Giraudus 19 ; Gislebertus 28 ; Goffredus 34 ; Rogerius 31. — Monachi : Arnaudus 34 ; Fulco 5, 6, 14-18 ; Fulco de Bel Prael 7, 10 ; Gainaudus Caruronus 24 ; Galo 20, 22, 25-27 ; Gauterius 31 ; Geraldus 14 ; Giraldus 15 ; Girardus 19, 20, 22, 25 ; Girardus Nutritus 19, 23 ; Gislebertus 16 ; Goscelinus 34 ; Goridanus 31 ; Gosfridus 25 ; Gradulfus 25 ; Ingenulfus 5, 8, 14, 15 ; Philippus 31 ; Raginaldus 19 ; Raginaldus de Salmuro 34 ; Robertus 19 ; Robertus Braiocensis, Robertus Rufus 24, 27 ; Zacharias 9. Capellanus Gofredus 33, 34. Condonatus mon. Benedictus 33 ; famuli 16, 19, 21, 24-27, 33 ; præpositus Walterius 3.

S. Gundulfo [*de*] Burdinus 6 ; Erchembaldus, ux. ejus et filii 31-33 ; Hugo, ux. ejus et filii 14, 26 ; Radulfus, ux. ejus, filii, soror, 10, 14-16, 18, 19 ; Renardus et filii 32 ; Robertus 23.

Sanctus Jovinus [*de Marnis*], abbas Briccius et monachi ejus 9, 11. — *Maximinus* [*Miciacensis*], abbas Christianus 11.

Senonensis archiep. Daibertus 11. — *Signum Cesaris* 18. — *Silvanectis* civitas 1. — *Soliacum* 6, 7, 10, 26 ; turris 26 ; comes Erchembaldus 31, 32 ; Gilo, Aldeburgis ux. ejus, Agnes filia 4-12 ; Gilo et fratres ejus 33, 34.

TABLE

PAR NOMS DE PERSONNES

Isembardus Bardo 7. — *Issucia* fil. Auteni et Tescelinæ 21, 22. — *Iterius* Liquois 19.

Jerbertus fil. Vidali 20. — *Johannes* Beta Lupum 20 ; clericus 34 ; de Blancafot 24; diaconus 12; Meschinus 23.

Landricus fil. Narberti 10, 26; præses 10; prætor 30; Pulcin 24. — *Lisoyus* oppidanus Calvi Montis 35.

Margotus Landricus 10; Lupellus 10. — *Maria* soror Balduini 18. *Morinus* homo Dodonis 26.

Narbertus miles 10, 20, 22. — *Nariodus* 33, 34 ; *Notarii* : Hildebodus 1, Nerbertus 2.

Odo Brise Haste 35; clericus 18.

Paganus fil. Adelelmi 19; marescallus 11. — *Papa* Adrianus 13 ; Paschalis 12. — *Petrus* clericus 9.

Radulfus archid. 4; avunculus Roberti 16; miles 26; nepos Fulconis 17. — *Raginaldus* sacerdos 35; vicarius 35. — *Rainaldus* Bertois 17; de Leone 34; Paganus 8; sacerdos 30, 31.— *Rainardus* de Arcola 24; fil. Hugonis 10, 19, 23-25 ; fil. Stephani 10, 16, 18, 23-25. — *Richildis* ux. Balduini 25. — *Robertus* Aglet 19; Brito 19; de Monesto 34; de Valenaco 4; fil. Berengerii 8; fr. Johannis Meschini 23; major 34; presbiter 28; Sarrafles 33. — *Rogerius* fr. archiepiscopi 8; Episcopi 6.

Sanctæ sedis, legatus, bibliothecarius 12-14. — *Servi* 19. — *Stephanus* Crassa Curta 4; de Maiduno 4. — *Sulpicius* fil. Lisoii 35.

Tevinus de Blanoil 19. — *Tescelina* ux. Fulconis fil. Gandeberti 21-23. — *Timerius* fil. Hugonis Claretis 30.

Vahlinus, Vaslet, de Villa Nova 20; Forredus, Furet, 14, 19, 24, 25; Frater Parvus 18; præses 19, 24.

Wandebertus 35. — *Watho* 35. — *Willelmus*; v. Guillelmus.

Nantes. — Imp. Vincent Forest et Émile Grimaud, place du Commerce, 4.